U0734481

鞋匠

SHOEMAKER

锐步创始人自述

[英] **乔·福斯特** —— 著
Joe Foster

傅婧瑛 —— 译

人民邮电出版社
北　京

图书在版编目（CIP）数据

鞋匠：锐步创始人自述 ／（英）乔·福斯特
（Joe Foster）著；傅婧瑛译. -- 北京：人民邮电出版
社，2023.7
ISBN 978-7-115-61197-0

Ⅰ. ①鞋… Ⅱ. ①乔… ②傅… Ⅲ. ①体育用品－制
造工业－工业企业管理－经验－美国 Ⅳ. ①F471.268

中国国家版本馆CIP数据核字（2023）第028946号

内 容 提 要

这是一个充满力量的创业故事。锐步创始人乔·福斯特亲自讲述了锐步从博尔顿一家小型家族工厂起步，最终成长为世界第一的运动品牌的创业历程。这条通往成功的道路并不笔直，锐步在其成长过程中也曾经历了资金短缺、设备陈旧、官司缠身、同行打压、合作伙伴出走、扩张政策受阻等种种困难。乔·福斯特在这本书中揭示了创造一个世界一流品牌所面临的挑战和牺牲，阐述了锐步是如何通过正确的产品和正确的愿景逐步做大做强的，同时也展现了自己对于创立锐步品牌的纯粹的热情与坚定的信心。

本书适合所有创业者、企业家和那些有志于干出一番事业的读者阅读。

◆　著　〔英〕乔·福斯特（Joe Foster）
　　译　傅婧瑛
责任编辑　姜　珊　陈斯雯
责任印制　彭志环
◆人民邮电出版社出版发行　　北京市丰台区成寿寺路 11 号
邮编 100164　电子邮件 315@ptpress.com.cn
网址 https://www.ptpress.com.cn
大厂回族自治县聚鑫印刷有限责任公司印刷
◆开本：880×1230　1/32
印张：11.25　　　　　　　　　2023 年 7 月第 1 版
字数：200 千字　　　　　　　2023 年 7 月河北第 1 次印刷
著作权合同登记号　图字：01-2022-4130 号

定　价：79.80 元
读者服务热线：（010）81055656　印装质量热线：（010）81055316
反盗版热线：（010）81055315
广告经营许可证：京东市监广登字 20170147号

这本回忆录用来纪念我们的女儿凯
她过早地离开了我们

目录
CONTENTS

几个月后，约翰说他买了一台现代化的鞋底压制机。我心里非常肯定，他就是为了借给我才买的这台机器。我关于工厂垮塌的噩梦终于可以停止了，我们用这台全新的、更轻的设备换掉了那台又老又重的机器。

我的手指停在了下一个单词上。这个词的含义和运动鞋之间存在微弱的关联—— 一种浅色羚羊：非洲短角羚（reebok）。嗯，Reebok。这个词简短又朗朗上口，很容易发音。Reebok，这个名字给人一种轻质但又快速、灵活的感觉。

拆到第五封信时，我停住了，重新读了一遍，接着又读了一遍。我脸上的血色慢慢消失了，整个房间好像都失去了色彩。我能看到的就是白色背景上的黑字，最显眼的几个字是"清算申请"。

就在那时，一个灵感出现了。答案就在我眼前。每一个浑身沾满泥土的跑者，都是一个潜在的销售代理。他们都是外行，所以有机会靠自身的兴趣爱好多赚点钱，他们想必会很高兴。

门的情况大抵如此，一扇门关上时，另一扇门总会打开。有些时候，打开的甚至是好几扇门。尽管最初我们可能因为生产完全停滞而有些害怕，但杰夫和我从未考虑过彻底失败这种可能。这顶多是一次重启。

作为一个小品牌，我们不可能大量生产每一款产品并储存，再坐等零售订单，或者说这种做法性价比不高。这是我慢慢学到的一个教训：如果锐步想成功，我们必须更大胆，可我又不知道怎么才能实现"大胆"的目标。

"乔，只做出一双好鞋、坐等世界上门，这是远远不够的……"他重复了我在为父亲和比尔工作时藏在心里的不满情绪。因为负责的人拖延不前导致无法快速前进，现在的舒不就像 20 世纪 50 年代那个郁郁不得志的我吗？

很显然，我没有资源打开美国市场。如果舒想尝试，愿意使用我们的产品，但要用他自己的钱，我们当然欢迎他这么做，但他并没有这么选择。1977 年 12 月，在经过五年的尝试后，我们终止了美国的业务。

到目前为止，我已经将一大笔钱投入到准备工作中，在英国和美国之间往返，而且利用我们的生产资源为他设计启动公司的第一双鞋。一切准备就绪，西海岸分销计划看起来很美好。事实证明，我既没有移民，布莱恩的公司也没能成功。

找到正确的钥匙持有人只有一个办法，那就是让自己尽可能多地进入不同的环境，尽可能多地见到各种各样的人。构建人际关系网可以是个数字游戏。有时你很幸运，短短几分钟就能在正确的时间遇到正确的人，有时可能需要几年时间。

保罗打断了我的话。他每一个字都说得很慢："锐步的三双鞋都得到了五星。"我在电话里吼叫着庆祝，早就把英国式的矜持抛在脑后了。我知道，我们终于突破了那条线。这就好比得到了魔法王国的钥匙。

我知道怎么连接 A 点到 B 点，但再往下该怎么走，我就不知道了。我已经有了保罗，更廉价的生产商就在眼前，还有一款五星产品，可我仍然需要大量运气和恰到好处的时机，才能确保一切同时到位，以便让我的品牌成为第一。

在我的清单上，下一个目标是德国。我想在最危险的地方设立锐步德国公司。我们知道，因为阿迪达斯和彪马的势力非常强大，全德国的体育商店里都不会给锐步的跑鞋留出空间，但有氧健身操产品就是另一回事了。

凯只在少数情况下可以离开医院，例如，她的血细胞计数足够稳定，以及多轮化疗没有让她感觉不舒服。其中一次离开医院是在 1987 年 12 月一个寒冷的早上，她去参加了我们在博尔顿新的国际部门办公室的启用仪式。

我经历了最惨痛的悲剧，正因为如此，我仿佛被一层层剥开，真正的、原始的自我暴露在世人眼前。我努力工作，打造出了锐步。可现在，我需要更加努力，才能重塑自我。

随着锐步不断发展，不断有新人加入美国公司的运营，改变迟早会发生。1989 年年初，董事会建议我辞去总裁一职，接受"创始人"这个头衔，成为锐步的大使。"乔，你现在的工作太多了，我们想让你的生活轻松一点儿。"

SHOE MAKER

THE UNTOLD STORY OF THE BRITISH FAMILY FIRM THAT BECAME A GLOBAL BRAND

第 1 章

有些人，为了赢而跑

我要坦白一件事。事实上，应该是两件事。第一件事，我不喜欢跑步；第二件事，我是个挺差劲的鞋匠。我的意思是，我所拥有的专业技能并不是做鞋。现在我说出来了，感觉好多了。

可是，对于一本讲述锐步创始人的书，以上表态可能会让你感到困惑，但愿你的好奇心也被稍微刺激了一番。你应当感兴趣。我的故事，锐步的故事，并不是一个标准化的商业童话，不是我如何努力、对着一双鞋摆弄了 35 年的故事。这也不是一个按照设计好的路线发展的线性旅程，不是我承受着几百万美元的风险最后大获成功的故事。这是一本与动力有关的书，讲述了当幸运女神将机会摆在你面前时，抓住机会是多么重要。

但这并不是本书的全部。本书远不止如此。和每一个关于成功的故事一样，这里有牺牲，光彩背后有脏乱，也有行业明星带来的财富。当你把全部身心投入到激情所在时，你的心里只能容得下一个热爱。

有人曾经说过"不踩在几个人的脑袋上，你是爬不到最高处的"

或者类似的话，但这不是我的做法，至少我认为自己没有这样做。没有人因为这笔生意以及这本书而受到伤害，当然，我也有可能出错。

我从小在一个相当平庸的世界里长大，在这里，努力提高自我会遭人白眼。那是一个"了解自己的位置""不要颠覆现状"的时代，公众还被灌输了其他规则，好让社会保持秩序。那个年代的主流仍是老派的价值观，那时的人们对邻居、长者乃至同龄人大多保持友善。

体面是最重要的，母亲经常向我灌输这个观点，同时也让我尊重他人。可在我心里，与社会预期相反，通过挑战自我而获得成长与提高同样重要，而我正是以这些为基础，为自己最终在行业中取得成功打下了牢固的根基。

这条通往成功的道路并不笔直，也没有明确定义。很多事情都是基于临时做出的决定，有些决定是被动反应而成的，而非主动采取的行动，但我总是向着同一个目标努力，那就是比昨天卖出更多的鞋。

这个方法似乎奏效了，尽管锐步用了 31 年时间才从创业公司成长为世界第一的运动品牌。假如我当初做出了不同的选择，也许我能更快地实现这个目标，但我可以肯定的是，如果没有走过漫长而曲折的旅途，我就不会为抵达这样的终点做好准备。

归根结底，当我驾驶着锐步这艘大船沿着成功路线进发时，很多事情需要各就各位。有些是我的职责，有些是其他人要做的事。有些事可以称之为业务手段，但大部分都与商业无关。这个过程更多地与好运气、顽强的决心（有些人说那是执迷）以及能将厄运转变为机遇的创造性的思维能力有关。

时机也很重要。任何从平凡到非凡的品牌，均依赖于良好的时机。若要谈论时机，还有什么比发令枪响时更好的时机吗？

有些人跑步是为了战胜别人，而我跑步是为了战胜自己。

嘭！

我闭上眼睛，看到的不是黑暗，而是一条清晰的道路。那是一条狭窄的小路，每向前走一步，身后走过的路都会被吞噬。

我听到父亲在大喊："加油啊，乔，用力，用力，用力。"我每用力一次，这个充满烟味的鼓劲声都会消失一点。我在用力，不断挖掘潜力，但不是为了他。即便在那个年纪，我也知道他鼓励我更多的是因为他对我下的赌注，而不是因为他为自己 7 岁的儿子感到骄傲。

我并不是特别在意胜利，尽管我更不喜欢输。在自身领域成为第一而获得的奖励，并不是我为之努力的动力。没有多少 7 ~ 10 岁的孩子会为了一件餐具或一个难看的农场动物瓷器而奋力拼搏。

跑步是一项需要付出努力、让人疲劳且不舒服的活动。为了胜利而奔跑，意味着你的肺会临近爆炸状态，你要迫使自己的心脏剧烈跳动，才能为大脑提供更多的血液，直到自己迫不及待地向前伸出头，才能缓解太阳穴的强烈跳动。跑步让人痛苦，特别是当你想跑得比最快还要快时。跑步所带来的身体上的挑战一点儿也不具有吸引力。那么，为什么我还要跑步呢？因为我有其他动机。

获得第一意味着可以得到父亲的关注，这在福斯特家算得上是稀缺品。反过来，失败则意味着被父亲忽视，但这也不是什么新鲜事。在我们位于市中心以北赫勒福德路上的维多利亚风格连栋房屋的家里，这就是标准状态。市中心那些大烟囱冒出来的烟，污染了整个博尔顿（Bolton）的天空。

我不是一个天生运动能力很强的人。事实上，我更像是一根野草，而不是苗壮的作物。我很害羞，非常内向，身材瘦长。但我一直知道，只要对一个东西的欲望足够强烈，我靠自己的力量就能实现目标，其他人不会轻易满足我的要求。

作为三个儿子中的老二，我渴望得到父亲的表扬。他偶尔展现出来的些微骄傲，都能让我甘之如饴。我教会自己如何让他自豪，主要方法就是靠跑步为他赢点小钱，可即便这样也未必能得到他的表扬。

我还找到了其他办法，从每个月他强行让我参加的体育比赛中寻找快乐。慢慢地，我不再从父亲的赞扬声中寻求满足感，而是从其他地方获取。因为我知道自己已经竭尽所能最大限度地提高成绩，不管是输是赢，我都获得了满足。

从来没有人觉得我是世界上最好的运动员，我甚至不是英国乃至兰开夏郡（Lancashire）最好的运动员。想成为最好的运动员，你得有基因上的优势，天生就有跑者的 DNA，而我没有。可回头再看，我生来就有"改进者"的 DNA。我能找到更好、更快的做法，想出最佳解决方案，而且总是在不断寻求一些细微的改进，好让自己获得微小的优势，即便在七岁时也是如此。

所以，尽管我全身动起来的速度不如别人快，但我可以把焦点放在自己头部的平衡位置、手臂的摆动、步法、脚掌接触地面的角度，以及自己的呼吸上。每一个细微的变化结合在一起，足以让我比竞争对手多跑几米。可我无法改变自身的其他生理结构。最后只剩下交易工具了，而这是我的另一个优势。

我出身于一个鞋匠家庭。诚然，这算不上优势，可我们绝不是普通的做鞋人家，我们可是"约瑟夫·福斯特和儿子们"，一家手工缝制运动鞋的制造商。当满脸通红的对手看着我接过胜利奖杯——一个闪闪发光的勺子，一个陶制的小猪，或者一本无聊至极的参考书——百思不得其解这个瘦巴巴的小孩为何能战胜他们运动俱乐部中最强的跑者时，我会让自己做好准备，在他们的目光对准我脚上的鞋时，迎接他们"作弊，作弊"的指责。

当其他男孩穿着普通的橡胶平底帆布鞋跑步时，我穿的是专门为特定比赛场地而设计制作的带鞋钉的跑鞋。我可能是全国年纪最小的穿着定制跑步装备的"运动员"。但是，在你仓促得出结论，认为我来自特权家庭，父母花得起钱、能让我获得任何想要的优势之前，让我先解释一下。

除了跑鞋，我和 20 世纪 40 年代其他出身于工薪阶层家庭的孩子一样，珍惜自己拥有的每一个玩具。不过，在体育运动的问题上，我却拥有一个特别的先天优势——我的祖父发明了带鞋钉的跑鞋。所以我认为，在讲述锐步的故事之前，回忆一下历史也是很有必要的。

和英国西北部的很多小镇一样，博尔顿在 18 世纪和 19 世纪初棉花产业欣欣向荣的年代实现了蓬勃发展。1779 年，博尔顿本地的实业家塞缪尔·克朗普顿（Samuel Crompton）发明了纺棉机，这种机器可以比手工工具更快、更高效地纺棉，从而减少了纺织厂所需的工人数量，让工厂主可以获得更多利润。克朗普顿的这个发明让博尔顿成为那个年代创新与快速增长的突出代表。

快到 19 世纪末时，同样名叫乔·福斯特（Joe Foster）的我的祖父近乎意外地做出了一个发明。15 岁时，他的人生有两大爱好：一是在当地运动俱乐部博尔顿樱草鹬（Bolton Primrose Harriers）跑步，二是在父亲的糖果店楼上的卧室里修鞋。他很擅长后一个爱好，但他和我一样，跑步水平并不高。

不过，祖父乔却拥有发明创造的头脑。受够了每次比赛都是最后一名的他想到将自己的两种技能结合在一起，看看下一次比赛能不能让自己跑得快一点。

我的祖父乔很有可能是在拜访他的祖父萨姆（Sam）位于诺丁汉（Nottingham）的鞋铺时学会了修鞋。据说萨姆为当地很多运动员修过鞋，也许乔看到祖父为了增加球鞋的抓地力而制作出带鞋钉的板球鞋。可能在那时乔的心里就种下了一颗种子，让他觉得这种额外的抓地力也能运用在其他运动上。

就这样，在迪恩路 90 号的卧室里，我的祖父开始为自己设计带有鞋钉的跑鞋。

1895 年，为了测试跑鞋的效果，他决定穿上这双鞋参加当地运动俱乐部的一次中距离跑步比赛。在第一场比赛的前一晚，那双跑鞋还没做好。他只缝好了一个鞋底——他在一双鞋的外部增加了一个鞋底，以便在这里加入鞋钉。晚上点着蜡烛工作，他既看不清，也没有耐心再缝制另一个鞋底。无比沮丧的他最后干脆用榔头把钉子敲在了鞋底。

其他参加比赛的人对这双鞋既感到好奇，又觉得非常好笑。这个安安静静、不爱出风头的跑者凭什么觉得自己与其他人不一样？他真的需要作弊才能赢吗？与标准的橡胶平底鞋相比，这双既难看又不匹配的鞋究竟如何让他获得优势？有些人在放声大笑，有些人在嘲笑他，可当乔在起跑线准备比赛时，他相信周围的人很快就会因为落后于他而惊叹不已。

随着发令枪响，乔的鞋钉扎进煤渣跑道，这让他拥有绝佳的起步，他的脚有种很轻巧的感觉，似乎感受不到鞋的存在。到达第一个弯道时，他已经领先其他参赛者几米的距离。当他的身体偏向弯道一侧时，当其他人因为平底鞋细微的侧向扭曲而损失几微秒时，乔脚上的钉鞋会迫使所有力量集中向前。

由于基本不存在缓冲，乔可以感觉到他的脚一接触地面就会牢牢扎进跑道，助推他向前运动，这让他比穿着橡胶平底鞋的对手快上几微秒。尽管每一步获得的牵引力都很小，但加在一起却足够让他不断扩大与身后追赶他的大部队的差距。

因为脚下的重量更轻，直道上的效率也提高了，乔能够感受到身体上的优势。尽管很微小，但优势实实在在地存在。等他跑到一半时，他发现自己还有能量。他的肺不像过去比赛时那样拼命地吸入空气，他的腿也不像往常那么沉重。开始跑最后一圈时，他心想，也许这只是心理作用，也许这双鞋只是安慰剂。

当他的右脚有一种奇怪的感觉时，他能确定这可能是一种综合作用。他感觉地面不是平的，自己好像在鹅卵石上跑步。接着，他又感觉自己好像在玻璃碴上跑步，每跑一步，让人痛苦的刺痛感都会传导到脚掌和大腿，仿佛在对大脑说，让他减少一些压力。最后，他感觉有什么东西坏掉了。他被一块隐蔽的石头绊倒，裸露的脚趾因为接触粗糙的煤渣地面而被擦伤。

就在他站起来准备再次启动时，他回头看到了正在追赶他的第二名和第三名。可更麻烦的是，他在自己和追赶者中间的跑道上看到了从自己的右脚鞋底上掉下来的带有钉子的外接鞋底，沾满泥土的样子看着就像一只死老鼠。因为失去平衡，而且每跑一步脚下都会传来火辣辣的刺痛，他一瘸一拐地放慢了速度，垂头丧气，后面的大部队追赶上来，每个人都在经过他时戏谑地拍了拍他的后脑勺。

他最后的成绩是倒数第二。他脱下跑鞋的剩余部分，跛着脚走回家。他把鞋扔进楼梯下的一个壁橱，狠狠地关上了壁橱的门。他在那一刻感受到的羞辱感，扼杀了一切想在跑道上提高自己的欲望。但乔却是一个异常坚定的人。

这次让人痛苦的经历只是在提醒他，世界上没有捷径。他的下一双鞋不会让他失望。在接下来的几个月里，他重新设计，让跑鞋变得更轻、更软，直到做出他心目中的完成品——一双轻质的完美跑鞋。这一次，他决定先在室外进行一次测试，确保不会重蹈第一次那丢人现眼的覆辙。

当他在一次比赛里试穿这双跑鞋时，他虽然没有赢得比赛，但却出人意料地获得了第二名。现在，他的俱乐部会员们不再笑话他了。他们都想要一双神奇的新鞋，而乔别无选择，只能满足他们的要求。

几个月后，乔终于做完最后一双鞋。没过多久，其他运动俱乐部纷纷注意到，乔所在的博尔顿樱草鹨成了实力最强的俱乐部。他们也很快察觉了原因，所以不出意外，乔·福斯特制作的跑鞋获得了越来越多的订单。

不久后，只要有跑步比赛，乔的身边都会聚集一群要求他帮忙做鞋的运动员。随着消息越传越远，乔用在跑道上的时间变得越来越少，在卧室里手工做鞋的时间越来越多，因为只有这样才能满足已经开始在家门口排队的人们的需求。

1900 年，在雅典（Athens）举办的第一届现代奥运会过去四年后，外界对乔的跑鞋的需求迫使他不得不扩大规模。他成立了福斯特公司（J. W. Foster）并搬到了新的地址，这个位于博尔顿迪恩路 57 号、就在 Horse and Vulcan 酒吧旁边的新办公地，很快就会变成人们口中的"奥林匹克工厂"（Olympic Works）。

　　人们的最新要求是让乔设计出只供一种场合使用的跑鞋，例如，按照某个运动员特定的跑步风格设计定制运动鞋，或者为某条跑道设计跑鞋，甚至只为一场比赛而优化跑鞋。几乎在一瞬间，福斯特公司就成了手工缝制定制跑鞋的专业制造商。只要你想要最好的跑鞋，不管你在英国的什么地方，乔都是你的选择。

　　这个博尔顿修鞋匠做梦也没有想到，仅仅四年后的 1904 年，他的跑鞋就在一场打破了三项世界纪录的比赛中起到了重要作用。

SHOE MAKER

THE UNTOLD STORY OF THE BRITISH FAMILY FIRM THAT BECAME A GLOBAL BRAND

第 2 章

第一个世界纪录

19 04 年 11 月灰蒙蒙的一天，雨滴落在格拉斯哥（Glasgow）艾布罗科斯公园（Ibrox Park）体育场看台上的观众身上。又厚又黑的云块仿佛吸走了运动会的所有色彩与激情。成群结队、一心为运动员加油鼓劲的朋友和亲戚竖着衣领看着运动场内，心里暗自诅咒苏格兰的糟糕天气。

一个矮小但敦实的人走上跑道，引起了观众席不小的喧嚣。人们忘记了正在落下的大雨，所有人都在看着这个业余的中长跑选手，他就是阿尔弗雷德·施拉布（Alfred Shrubb）。

阿尔弗雷德站在起跑线上，捋了捋他漂亮的小胡子，匆匆看了一眼观众席。站在一群个子更高、看上去运动能力更强的人身边，他看起来并不像一个世界级运动员。就算他感受到压力，他也没有表露出来，但他知道外界对他的期望是什么。

世间流传的与他超人般速度有关的故事，让他近乎成为传奇。人们在跑步比赛上反复讲述他的跑步经历，说阿尔弗雷德不得不与马赛跑，或者一个人和接力队赛跑。人们说，地球上没有任何一个人能跟得上他的速度。

阿尔弗雷德没有让人失望。他从不让人失望。和其他比赛一样，他很快甩开大部队，将其他人抛在身后。在那一天，他打破了 6 英里（约 10 千米）和 10 英里（约 16 千米）的跑步纪录，又用 1 小时跑完 11 英里 1 137 码（约 19 千米），创造了另一个世界最好成绩。完成这些壮举时，他穿的都是福斯特公司制作的跑鞋。

祖父经常去观看比赛，不仅向运动员而且还向记者分发他制作的鞋。这些人自然而然就会写文章报道祖父的公司，而运动员很快也会注意到穿着祖父的"礼物"带来的竞争优势，进而让他的消息传播到更远的地方。和现在的各个品牌一样，祖父在当时就认识到有影响力的人的威力。

全英国的跑步界都在为阿尔弗雷德疯狂。竞争对手想了解他的一切——他的训练安排、他的呼吸技巧……还有他的跑鞋。当绝大多数跑步运动员仍然穿着笨重的靴子参加比赛时，阿尔弗雷德穿的是手工缝制、配有鞋钉的黑色跑鞋。这就是他成功的秘诀吗？

看起来，很多人都是这么认为的。福斯特公司的业务迅速扩大，越来越多的跑者前来购买因为阿尔弗雷德·施拉布而引起他们关注的这种神奇的跑鞋，可这只是推动祖父乔的生意繁荣发展的催化剂之一。

毫无疑问，祖父是制鞋领域的创新者，可在我看来，他在营销领域也领先于时代。两者相结合，他就是一个天才。

天才并不仅仅依靠创造力、发明与生产制造。天才也需要认可。如果不被认可，你就不会被人视作天才。我的祖父乔用他的带钉跑鞋创造出一个全新的产品，他也使用了很多方法让人们知道这个产品。

20 世纪初，祖父在迪恩路上的店面就相当于现在皮卡迪利圆环广场（Piccadilly Circus）的广告牌。商店正面的每一寸墙面都被用来给福斯特公司的产品与服务打广告。商店的橱窗上展示了十多个奖杯与运动鞋，而入口上方的红砖招牌上则是手绘的广告，其中既有 2 先令 6 便士修理男士鞋和高跟鞋的广告，也有批发跑鞋和制作足球鞋的广告。

但祖父的营销并不局限于此，他还想出了一些长期策略。由于当地的两家运动俱乐部都苦于吸引不到会员，于是他建议博尔顿樱草鹬与博尔顿鹬（Bolton Harriers）合并，成立博尔顿联合鹬（Bolton United Harriers）俱乐部。两家俱乐部主席将此看作进一步控制英国北部跑步界的机会。但对乔来说，当两家俱乐部的成员都穿着福斯特公司制作的跑鞋赢得奖杯时，他就有机会打造出一个更大的平台，去推广他的跑鞋那几乎无人可敌的性能。

直到 1908 年，乔才在两家俱乐部废墟的基础上成立了新的博尔顿联合鹬俱乐部，最终将会员发展到 70 人。新俱乐部派出队伍参加本地和外地的各种比赛，他们赢下了其中的很多冠军。有一次，他们甚至赢下了全部冠军。人们异常惊讶，纷纷开始议论。

到了 1912 年，乔的俱乐部变得富裕了不少，他们花了 800 英镑巨款建了一间俱乐部会所。在当时良好财务状况的助推下，他们在老赛马场（Old Horse Show）组织了一次野心勃勃的跑步比赛。

俱乐部将大量资金投入到这项比赛的推广上，从而激发了运动员和观众的兴趣。当俱乐部邀请到奥运会金牌得主威利·艾普尔加思（Willie Applegarth）参赛时，人们的胃口被吊得更高了。然而，这场比赛却是一次彻头彻尾的失败。兰开夏潮湿的气候导致人们在比赛当天只能躲在室内，看着大雨洗刷窗户玻璃。

在财务上遭受沉重打击后，俱乐部决定举办一次大型庆典来弥补损失。他们又一次邀请了威利，还请来了一些美国运动员。可兰开夏阴郁的天空再次下起瓢泼大雨，比赛又一次被毁掉了。在举办了几次不再野心勃勃且天公作美的比赛后，俱乐部才重新站稳脚跟。

祖父并没有被他钟爱的运动俱乐部遇到的难题吓倒，他继续在全国各地推广业务。他大胆地在体育报纸上刊登广告，并继续前往全国各地参加比赛，把自己的跑鞋当作礼物送给全国最优秀的跑步运动员。他也开始付钱给最顶尖的运动员，让对方穿着自己的跑鞋，这比阿迪·达斯勒（Adi Dassler）在1936年柏林奥运会上免费为杰西·欧文斯（Jesse Owens）提供运动鞋的相似营销手段早了30多年。这可能是体育界最早的运动装备赞助行为，而他的方法奏效了。

越来越多顶尖的英国运动员只愿意穿着福斯特的鞋跑步，他们想获得同样的优势。这样的热度一旦出现，就会像大火燎原一样迅速传播。

在1908年的伦敦奥运会上，亚瑟·拉塞尔（Arthur Russell）赢得了3 200米障碍赛的金牌。跨过终点线时，他脚上穿的就是福斯特的跑鞋。

1906年，在这些生意最初的"黄金时代"，我的父亲出生了。按照家庭传统，他在受洗时得到了和我祖父一样的名字缩写J.W.，只不过他的名字是詹姆斯（James），或者是日后人们口中的吉姆（Jim）。

随着家族生意越做越大，没过多久，福斯特家族里的每个人都被拉来制作运动鞋。所以在吉姆8岁时，他和哥哥比尔（Bill，13岁）成了刚刚改名为"福斯特和儿子们"（J.W.Foster & Sons，以下统称为福斯特公司）的工厂工人。

因为生意发展得太快，祖父买下了迪恩路上隔壁的马与伏尔坎酒吧，把酒吧改建为新的生产区。尽管生产已满负荷运转，福斯特家族的生意蒸蒸日上，但和所有英国人一样，乔对 1914 年 6 月 28 日在萨拉热窝（Sarajevo）发生的弗朗茨·斐迪南大公（Franz Ferdinand）及其妻子遇刺事件感到焦虑不安。

那些发生在英国以外的事件，最终为英国、德国以及其他地方的人们的生活带来了巨大的影响，第一次世界大战给人类和经济带来的只有痛苦与绝望。

尽管博尔顿并非是蓄意袭击的目标，但在 1916 年，一艘据说原本瞄准英国中部某地的德国飞艇在奥林匹克工厂后方的科克街投下了一枚炸弹，炸死了 13 人。工厂本身没有受到什么损害，但死里逃生的经历却让员工们非常恐惧，他们意识到，在战争期间，无论身在何处，没有什么东西和人是安全的。

年轻运动员对于成为跑道上速度最快的人的渴望，已经被生存焦虑的海洋淹没。由此一来，人们对跑鞋的需求彻底消失。对祖父和他的家人来说，他们作为顶尖运动鞋生产商的光辉时代戛然而止。相反，福斯特公司沦为英国北部众多负责修理前线军靴的鞋厂之一。

接下来的几年，我的祖父和他的两个儿子蹲在锡制浴缸边，刷洗着从死在佛兰德战壕里的年轻士兵脚上扒下来的军靴，眼看着浴缸里的水变成浑浊的血红色。

第一次世界大战结束后，福斯特公司不得不再次从头开始。随着军人陆续返乡，我的祖父和他的家人做回了自己的生意，开始生产手工缝制的运动鞋。那些为了赚点钱而从业余转为职业的跑者得到许可，可以重新转回业余身份。有些人拓展了个人技能，开始参加其他类型的跑步比赛，而我的祖父也迅速拓展了福斯特品牌的业务范围，开始加入更多特制的运动鞋，包括后跟带鞋钉的跨栏专用鞋，以及脚踝处有绑带并配有超短鞋钉的越野专用鞋。

我的祖父偶然发现，这些新式越野鞋同样也很适合足球和英式橄榄球。他开始利用报纸广告和个人关系，向全国各地的顶尖俱乐部推销自己的运动鞋。短短几个月，类似索尔福德（Salford）、赫尔（Hull）和圣海伦斯（Saint Helens）这样的英式橄榄球队都穿上了福斯特公司的运动鞋，而阿森纳（Arsenal）、利物浦（Liverpool）、曼彻斯特联队（Manchester United）以及英国足球四大赛区的几乎所有俱乐部也穿上了祖父制作的运动鞋。

这其中也包括博尔顿漫游者队（Bolton Wanderers），在 20 世纪 20 年代，他们是一支著名的足球队。1923 年，在首次于温布利球场举办的英格兰足总杯决赛中，赢得冠军的漫游者队将体育界的众多目光引向了这个地区。

在这里，大约有 20 万观众涌进了可容纳 12.6 万人的新体育场。一个警察骑着白马，管控着大量人群，这已经成为足总杯历史上的经典画面。

漫游者队赢得了这场比赛的胜利，他们以 2 比 0 的比分战胜了西汉姆联队（West Ham United）。1926 年，他们战胜曼彻斯特城队（Manchester City）再次捧杯，又在 1929 年以 2 比 0 的比分战胜朴次茅斯队（Portsmouth）第三次捧杯，这让我们的本地球队成为那个时代的焦点。

和博尔顿漫游者队一样，福斯特再次成为运动鞋界最顶尖的品牌。就目前而言，似乎我祖父做什么都不会错。他仿佛拥有皮革行业的金手指一样。

在 1920 年的安特卫普奥运会上，阿尔伯特·希尔（Albert Hill）赢得了 800 米和 1 500 米的冠军；到了 1924 年的巴黎奥运会，分别赢得金牌的哈罗德·亚伯拉罕斯（Harold Abrahams）和埃里克·利德尔（Eric Liddell）进一步提高了福斯特品牌的知名度。后两名运动员与赢得 1928 年阿姆斯特丹奥运会 400 米跨栏金牌的伯利勋爵（Lord Burghley）一起，在日后的电影《烈火战车》（*Chariots of Fire*）中被世人永远铭记。当然，伯利勋爵也是穿着祖父在迪恩路工厂里手工缝制的运动鞋赢得金牌的。

当然，我的祖父用他的方式，最大限度地利用了这些胜利带给他的公司的巨大曝光度，特别是在本地媒体上。他的大儿子比尔本身就是非常优秀的运动员，在当地的跑步圈内颇有名气，他不仅赢得过俱乐部的冠军，还为《博尔顿晚间新闻》（*Bolton Evening News*）撰写体育专栏文章。

我的祖父保证比尔不会错过任何一个推销家族事业的机会。比尔在一篇专栏文章里这样写道："鹞俱乐部之所以被看好，就是因为他们请乔·福斯特来负责运动鞋，而他能针对艾维尔堡和克鲁郡跑道的情况提出建议，并提供适合在这里跑步的装备。有鉴于此，我建议小伙子们现在就去获取他们所需的装备，不要将获取这些商品拖到最后一刻。"我不知道他怎么能如此赤裸裸地推销家族业务，但他确实这么做了，而且他的专栏还在报纸上发表了很多年。

女性跑者也开始在国际田径界崭露头角，她们同样穿着福斯特公司制作的运动鞋。1932 年，博尔顿联合鹞俱乐部的运动员艾瑟尔·约翰逊（Ethel Johnson）在 WAAA 冠军赛（WAAA Championships）上打破了 100 码（约 91 米）的世界纪录，而强大的奈利·霍尔斯特德（Nellie Halstead）穿着福斯特的跑鞋刷新了多项纪录。后来，她成为英国有史以来最伟大的女性运动员之一。

祖父是业内较早认识到这一不断发展的行业并为其提供服务的人之一。和很多事情一样，他又一次超越了时代。当然，那时的他并不知道，20 世纪 50 年代后，女性运动服装市场将会成为这个制鞋家庭取得前所未有的巨大成功的重要原因。可在那之前，在 1933 年，一位离家更近的女性却成为推动福斯特品牌进化的主要力量。在我的祖父突发心脏病去世后，我的祖母玛丽亚（Maria）很不情愿地接管了公司的经营。

身高只有 5 英尺 2 英寸（1.57 米）的玛丽亚没有令人生畏的身高，可她刚烈的性格完全可以弥补这个劣势。她绝不容忍傻瓜，她不仅保证工厂像钟表一样严丝合缝地运行，同时也让厂区保持干净整洁。大约四年前，她对干净的专注就以一种不同寻常的方式表现了出来。祖父乔的父亲在 85 岁时去世，他的遗体在下葬前曾摆放在奥林匹克工厂里，开棺供人瞻仰了几天时间。每天晚上，玛丽亚都会一丝不苟地进行清理，拂去工作时落在遗体上的皮革粉尘。

在不清理遗体、不对福斯特公司的员工发号施令时，玛丽亚见证了我哥哥杰夫（Jeff）的出生，又在两年后的 1935 年 5 月 18 日见证了我的出生，我的祖父也是在同一天出生的，而且那天距离他去世只过去 18 个月。玛丽亚相信这是她去世的丈夫发出的信息，她近乎命令般地让我的母亲贝茜（Bessie）给我起了约瑟夫·威廉（Joseph William）这个名字，简称自然就是"乔"。没人敢跟她争论。

在她不指挥孩子、不在工厂里辛苦工作的短暂时间里，玛丽亚和她的朋友会在麦束（Wheatsheaf）酒吧里围坐在一箱健力士啤酒旁边，从经营生涯的繁重压力中稍作解脱。随着压力越来越大，她的酒精消耗量也越来越多。因为醉得太厉害找不到回家的路，她经常被人发现睡在大门外面。

没喝多时，玛丽亚在工厂里极具挑战的工作之一，就是在她的两个儿子——我父亲吉姆和他哥哥比尔——之间的矛盾变得越来越激化时维持和平。

我父亲认为工厂需要改变。他想降低成本，生产一系列低价运动鞋和运动靴。他说："不是每个人都买得起一双'福斯特手工缝制'的运动鞋的。"另一方面，比尔却视手工缝制为家族传承，是福斯特品牌声誉的根基，如果现在抛弃这一切，那会要了他的命。两个人的观点都是对的，这使得他们的矛盾无可调和，也让玛丽亚难以从中调停。

最后，玛丽亚也无法忍受了。双方都对公司未来的发展方向固执己见，家族生意开始受挫。玛丽亚拼尽全力想要维持的和谐与高效彻底瓦解了。奥林匹克工厂里的气氛开始急转直下，工厂的利润也开始跳水。

玛丽亚想要退出。她决定放弃福斯特品牌的控制权，但前提是我父亲和比尔需要成立一家有限公司，两个人分别拥有 50% 的股权。最终得到的结果，就是两家互不相干的公司统一在一个名称之下。我父亲在迪恩路 59 号安装了机器，用来生产他的"飞行者"（Flyer）机器缝制跑鞋；而就在他隔壁的迪恩路 57 号，我的叔叔继续用手工缝制他们的"遗产"系列跑鞋。除了偶遇时互飙脏话外，两个人根本不与对方说话。

　　尽管不再是老板，玛丽亚依然在工厂里忙忙碌碌，做着清扫地板或者任何能让她关注儿子们、在爆发争端时可以立刻出面制止的事情。她就像胶水，将两块碎片黏合在一起，至少在接下来的几年时间里将双方维系在一起。

SHOE MAKER

THE UNTOLD STORY OF THE BRITISH FAMILY FIRM THAT BECAME A GLOBAL BRAND

第 3 章

生存的教训

就在玛丽亚想方设法维持奥林匹克工厂里的和平时，英国在1939 年又一次进入战争状态。颇有讽刺意味的是，那时的福斯特公司正因为在奥运会上取得了更多成功而处于上升期。

C.B. 霍姆斯（C.B.Holmes）最初是博尔顿联合鹞俱乐部的会员，他参加过 1936 年的柏林奥运会，在这届赛事中，杰西·欧文斯在田径赛场上的出色表现给人们留下了深刻印象，但这届赛事同样笼罩在阿道夫·希特勒（Adolf Hitler）的阴云之下。霍姆斯穿着我叔叔比尔特制的运动鞋，由于这双鞋紧紧贴合脚部，所以只能穿一次。新西兰跑步运动员杰克·洛夫洛克（Jack Lovelock）穿着福斯特公司的跑鞋，在德国首都打破了 1 500 米的世界纪录并赢得金牌。

这些战绩成功为我父亲和比尔带来了更多生意，也在一段时间内缓解了工厂里的紧张气氛。但这只是短暂的喘息。战争的阴云越来越近，柏林奥运会后仅仅三年，天塌下来了。

随着福斯特品牌再次被迫为了修理军靴而重新调整自己的经营策略，我父亲明智地拓展了产品范围，开始制造凉鞋。皮革在当时属于稀缺物资，而制作凉鞋需要的材料很少，只需要几条绑带，不需要做出整个鞋面。凉鞋不仅成为收入的重要来源，也成为我们获得配给券的主要方式，而配给券在当时相当于货币。配给券在福斯特公司和我们一家度过那个艰难又悲惨的时期时起到了重要作用。

对我来说，矛盾的是，战争却带来了和谐。

在乔利新路上一座排屋二楼的一间漆黑的卧室里，我的后背被母亲柔软的身体温暖着，我站在那里，透过窗户上凝结的水汽看着远处燃烧的火焰，窗外是刺耳的防空警报。尽管燃烧的地平线让人着迷，可吸引我目光的，却是窗户玻璃上一个模糊的倒影——家人拥抱在一起，那是一幅关于舒适、安全、归属感的让人放松的景象。在这个画面里，母亲紧紧地把我和杰夫抱在一起，她的手臂像安全带一样横在我们胸前。在她身边，父亲享受着被众人看作一家之主的那个瞬间，安静地解释曼彻斯特的海船运河、码头和工厂被不断轰炸的原因，以及我们在博尔顿远离危险的原因。那是我最接近于听到他讲睡前故事的一次经历，是我感受到家庭团聚的罕见时刻之一。

与博尔顿市赫尔福德路上的所有住家一样，我家后院的一部分被征用改建为防空洞。对杰夫和我来说，那是一个舒服的空间，当几乎每晚都会响起刺耳的防空警报时，一家人会一起挤在那里。我们昏睡在母亲或父亲的怀里，又被防空警报解除的声音吵醒，半梦半醒中，杰夫和我会被抱到楼上的床上。

一个夏天的晚上，回到家的杰夫和我发现这种其乐融融的家庭生活被打断了，我们在鹅卵石铺成的地面上踢球，却在大门口被人直接带进了邻居家。我不知道我们做了什么。预想中的警告和惩罚并没有出现，人们反而给我们拿来很多糖果和蛋糕，直到我们再也吃不下为止。在接下来的一个月里，我们开心地住在那里，偶尔看到父亲来支付我们的抚养费。

我从没问过为什么，也没人劳神做出解释。杰夫和我只是把那看作延长了的在外过夜，而且还有机会无休止地玩"敲门就跑"的游戏，或者在街上踢球，不需要担心家庭生活的各种规矩或父母的专制。然而，现实情况其实很严重。我母亲感染了脑膜炎，一度生命垂危，所幸她活了下来，我们"在邻居家度假"的日子结束得像开始一样突然。

母亲从医院回来后，我们家又恢复了战争时期的和谐，特别是当一颗炸弹夷平了奥林匹克工厂附近的潘趣街、将福斯特商店位于迪恩路的正立面炸得粉碎时。父亲开车 6 英里（约 10 千米），带着我们从家去了工厂，好让我们亲眼看到损失。我们的脚踩在震碎的玻璃上发出"嘎吱嘎吱"的声音，工人们把木板钉在了破碎的窗框上。祖母玛丽亚住在工厂后面，看到她安然无恙后，父亲把他在车间里找到的一块弹片交给了我们。杰夫和我不可思议地看着这个东西。这个东西很陌生，来自一架装着枪炮的飞机，这架飞机现在肯定停在德国的一个机场里，准备再次起飞并向英国投下更多炸弹。假设这架飞机还没有被英勇的喷火战斗机飞行员击落的话，它肯定会这么做。我的大脑想象出无数这样惊险刺激的场面。

杰夫和我在我们共用的卧室里为这个礼物专门找了一个地方。每天晚上躺在床上时，我们都会盯着弹片，幻想各种冒险经历。我试图想象出把炸弹投向我们城镇的德国飞行员的长相，我在想，当他透过飞机下方快速飘过的云朵向下看时，他也许侦查过父亲的工厂，故意对准了那个地方。我想知道这是不是私人恩怨，想知道他是不是认识母亲、父亲、祖母、杰夫和我——我想知道他是不是就想杀死我们。他为什么要这么做？我们做了什么？我做了什么？也许迪恩路上有一个间谍跟他说了我家的事？我的脑子里全是这样的问题。

我唯一一次真正接近危险，是一个出身本地的英国皇家空军飞行员决定用低空飞行让房屋出现震动的方式向他的妻子炫技。当时，我正在和最好的朋友杰克玩打仗游戏，我用木棍假装狙击步枪，狙击邻居和绕过街角糖果店的行人。我的木棍对准了正在走下马路牙子的本地神父，他开心地吹着口哨向我走过来。我的手指扣向想象中的扳机，无视越来越大的嗡嗡声。神父马上就要走进我的射击范围了，嗡嗡声变成了刺耳的咆哮声。神父突然抬头，表情无比惊恐。在那一瞬间，我以为纯靠意愿和想象，自己就把这根白桦木棍变成真正的步枪，能真的向他射击，而且自己有能力这么做。

"快趴下！"杰克在我身后尖叫道。神父扑倒在地上，仿佛黑影吞没道路一样。紧接着，一架战鹰战斗机深灰色的机腹呼啸而过，距离近到我觉得自己的头发都被飞机搞乱了。神父仍然保持着趴在地上的姿势，双手护着脑袋，我们看着飞机掠过周围房屋的屋顶，随后一头栽到两条街外的一个屋顶上。悲剧的是，飞行员死了，还毁掉了两栋房屋，导致三名本地人受伤。

我更多的是感到恐惧，而非震惊。活生生的人突然死亡，这个现实在我的世界里变得越来越普遍，而且并不局限于战争时期。

战争结束后，足球成为人们发泄情绪的一个出口，但博尔顿却在 1946 年 3 月发生了一场巨大的悲剧，博尔顿漫游者队的伯顿公园（Burnden Park）球场发生了拥挤踩踏事故，导致 33 名球迷死亡，数百人受伤。那是英国当时与球场有关的最严重的惨剧。我的父母都在那场足总杯比赛的现场，两人都幸运地逃离险境，尽管非常震惊但毫发无损。

我的潜意识中种下了一颗种子，我觉得死亡永远不会离我远去，如果想做什么，那就不要拖延，最好马上动手去做。

话虽这么说，但我的童年和其他住在博尔顿郊区红砖房的孩子并没有太大区别。那是一个家家户户敞开大门、任何柏油路面都会用来踢足球的时代。我们可以在任何地方、任何时间玩任何想玩的游戏，至少在天黑后家长大声喊起我们的名字之前。在那时，有创意地玩耍不会被父母警告制止，那时的家长和现在那些被社会问题吓呆的父母不一样。我们的想象力没有边界，在我们脑中，一切皆有可能。

即便在童子军这个如今经常成为公共规则捍卫者的组织里，我们也被允许自由发展，去开发自己超越常规的能力，无论是在身体上还是在地理上。

加入童子军让杰夫和我在成长过程中收获了大量乐趣和友谊。那时我们多了一个弟弟约翰（John），他出生于 1948 年，可比我小 13 岁的他还是个婴儿，不能参与我们的游戏、社交或活动团体。

我记得在 12 月底寒冷的一周里，我跟随圣玛格丽特教堂童子军小队在湖区寄宿。我们那天要完成一个全天任务，从安布尔赛德（Ambleside）出发，途径兰代尔（Langdales）围绕着 U 形山谷的五座山峰，徒步抵达帕特代尔（Patterdale）。

如果是让人愉快的夏天或春天，这不过是一条中等强度的 10 英里（约 16 千米）徒步旅行。可在寒冷的冬日早上，寒风吹雪，在地面形成了大约 1.2 米的积雪，这段徒步就变成了巨大挑战。

在较晚的时间吃完早饭后，我们年轻的童子军辅导员斯基普

（Skip）便催促我和其他四名睡眼惺忪的初级童子军成员离开安布尔赛德青年旅社舒服的房间，走出大门，走进注定出现暴风雪的天地。

太阳光根本无法穿透厚厚的云层。高高地设置在一栋石制建筑上的探照灯，在白雪覆盖的花园上留下了一道黄色的光影。

我们的"伟大领袖"躲在旅社门廊下查看地图，等他的时候，我们这些天真无邪、脸冻得通红的童子军一起挤在草地上，看着阵风卷起的雪花飘在空中，又在一片白茫茫中落地。浅棕色的童子军针织套衫、灯芯绒短裤和可以拉到膝盖以上的长袜，是我们唯一可以用来对抗荒野的装备。从心理上看，任务还没开始，我们就已经处于屈服的边缘了。

斯基普突然像个骑兵一样冲了过来，他举起手臂指向远处的山峰，好像拿着一把剑一样。"往这走！"他大声说道，声音压过了呼啸的风声。我们顺从地跟了上去，在及膝深的积雪中蜿蜒前行。短短几分钟后，我们的腿就被冻得麻木了。

第一座山的登山道已经被新雪彻底覆盖，不为所动的斯基普依旧大步向前，地图仍然攥在他的手里。在我们慢慢爬上结冰的山坡时，起初我们彼此仍然跟得很紧；可当风刮起的冰碴砸在我们的光腿上，我们的速度变得越来越慢，彼此之间的距离也越拉越大。

前方传来了一声大叫。斯基普在一个隐蔽的雪堆处突然摔倒。我们帮他站了起来，直到这时他才告诉我们怎么使用有我们下巴那么高的童子军滑雪杖——这是任何勇敢的童子军先锋队员的标配装备，而我心想，这时候才教会我们怎么用显然太迟了。我们继续向前走，边走边用滑雪杖探路，探测雪堆的厚度，以免落得与斯基普一样、一头跌进冬日严寒中的结局。

我们到达山顶的时间比预期晚了很多，而从另一边下山的路更加危险。下午两点，当我们小心翼翼地在冰层上走动时，仅有的一点日光也开始消失。斯基普招手示意我们加快速度。他警告道，我们不想在夜幕降临时留在这种环境中。

我把全部精力集中到每一步，用不同方式调整自己的落脚角度，找到最安全的落脚点。20 分钟后，我的大腿和小腿就因为用力而变得酸痛起来。我停下脚步，回头查看小队中年纪最小的布莱恩·威尔比（Brian Wilby）。在微弱的光亮中，我能看出被白雪覆盖的灌木倒影，也能看到雪下面露出的石头峭壁的黑色边缘。可我看不到布莱恩。

我向前方大喊，我们所有人都退回了山上。几分钟后，一个微弱的声音从下方的昏暗中传了出来。布莱恩踩到了一条被冻住的小溪，滑出道路后跌到了石块下面。他的身上有擦伤和割伤的伤口，但幸运的是没有骨折。

我们没有向旅社出发，而是扶着布莱恩朝山脚下一个亮着灯光的农舍走去。农舍里，我坐在火堆前喝着一杯热巧克力，凝视着火焰，农夫的妻子在我身后一个劲地批评斯基普，指责他不该在这样危险的环境中拿我们所有人的生命冒险。他沉默地站在那里，当着自己小队的面被人批评，我为他感到难过。斯基普自己也是个孩子，但我知道那个女人的话也有道理。如果那时我没有回头看，我们就会在毫无意识的情况下继续徒步，布莱恩也有可能遇到更严重的危机。

伴随着农夫妻子尖刻的批评，我们再次走进了冰天雪地，徒步跋涉了最后 2 英里（约 3 千米），终于到达了旅社。人们原本认为我们四个小时前就该抵达，所以高山救援队已经在现场待命。斯基普又一次被旅社经理和一名救援队成员骂了个狗血喷头，后者插话进来，说要"提供一点小小的建议"。

在那之前，我一直无条件地信任我们的领袖，毫不怀疑地相信他的年龄和"经验"。斯基普并未试图辩护。我很同情他，但也开始怀疑自己对他人能力的盲目信任。尽管当时合理的做法是留在室内，但斯基普还是决定继续徒步，将我们带入危险境地。在童子军、军队以及任何等级严明的机构中，我们作为"部队"，就应该毫无异议地听从命令，即便这样会对我们的生命构成威胁。

那时我还不知道，那是一个改变的瞬间，我的脑海中有些东西开始发生变化。我的命运，我的人生，都是我自己的。我掌控着自己的命运，在做出适合自己的决定时，我是唯一值得信赖的人。

后来，当我的身体开始分泌睾酮、逐渐向成年男性发展时，控制我做出决定的成了荷尔蒙，而非逻辑理性。我的时间不是用在追求女孩的原始冲动上，就是用在我挚爱的体育活动上。不，我指的不是跑步。我很早就确定，将自己的腿用到极限，直至不由自主地呕吐，这种运动对我毫无吸引力。

除非你天生喜欢飞速奔跑，否则早晚有一天你会撞上跨不过去的那堵墙，而且你对此无能为力。没错，也许你拥有地球上最强跑鞋的优势，这会给你"买来"一些时间——真正意义上的买来。可当所有人站在同一起跑线上时，上述优势就会被消除。跑步这项运动，DNA 就是决定性因素，若是没有合适的基因，你怎么做都无济于事。过往的经历告诉我，没人对输家感兴趣，那我又何必继续一个总会给自己贴上输家标签的消遣活动呢？

我选择了羽毛球，这项运动更适合我。羽毛球需要短时间的爆发力、极强的灵活性和快速反应能力（包括身体和心理的反应能力），而且和做生意一样，羽毛球也要求人们在应对高压的同时具有快速分析并构建战术方案的能力。这是一项我能获胜的运动，而且我也经常赢球。

便利的是，我所在的教区教堂可以满足我青春期时的所有需求。羽毛球是夜晚及周末的核心活动。最初，我们在童子军营地或圣玛格丽特羽毛球场上打球，后来转移到教区会堂，神职人员在这里守护着我们的灵魂，而我们的眼里都是舞池里的女孩子。

当朋友和我在教区内追求浪漫却遭拒后，我们把眼光放在了更远的地方，开始在市政厅和本地舞厅寻找机会。就是在这里，我遇到了琼（Jean）。相隔在舞池两边，最先吸引我的就是她的笑容。她的笑容真正散发出了暖意，不像其他一心只为获得当晚最多共舞邀请而机械微笑的"壁花"。当然，她那形同影星伊丽莎白·泰勒（Elizabeth Taylor）的曼妙曲线同样起到了作用。她的健谈也让我开心。我是一个害羞而内向的人，所以她爱说话的倾向完美适合我对倾听的偏爱。

那年我 17 岁，琼 16 岁，和那个年代的很多新恋情一样，我们之间的浪漫就这样开始生根发芽。无论是在社交团体中还是单独相处，我们尽可能多地在一起，彼此倾注了如此多的爱与支持，最终我们融为一体。她是我的另一半，我也是她的另一半，那时的我们根本无法想象这一切也会结束。

SHOE MAKER

THE UNTOLD STORY OF THE BRITISH
FAMILY FIRM THAT BECAME A
GLOBAL BRAND

第 4 章

确定我的位置

▼

差不多在我爱上琼的同一时期，我忠实地承担起了自己在福斯特家族产业的角色。一周工作 40 个小时，我的报酬是 10 英镑 5 先令 6 便士，也就是流水线的标准工资。

在迪恩路上班的第一天，我父亲交给我一把美工刀，我要用这把弧形的道具切割出鞋面的底样。我被安排在一摞大小为 8 平方英尺（约 0.74 平方米）的超薄小牛皮前，杰夫简单地给我讲了讲，随后就让我开始干活。我已经看父亲和比尔做同样的工作好几年了，所以这项工作既不陌生，也没有挑战性，但我通过计算自己一小时内能切出多少鞋面的方式，让这项工作变得更有趣。

制作最轻质的顶级跑鞋时，我们使用袋鼠皮，而不是小牛皮。这不是最便宜的材料，但到目前为止，就重量而言，那是我们所能找到的最结实、最受欢迎的皮革。如果有虫咬、铁丝网划痕或其他损伤痕迹，其他种类的皮革会降价，但这不适用于袋鼠皮，因为袋鼠皮通常伤痕累累，以至于划伤被视为这种皮革的一个特点。

工厂里几乎没有取暖设备。我父亲、杰夫和其他工人为了暖手不停地吹气，或把手夹在腋窝下，又或者把手伸到车间地面上的火堆上取暖。只有我一个人得到了祖母玛丽亚的宠爱。我是天选之子，是现实中与她去世的丈夫连接的桥梁。也许她把我看作祖父的化身。不管原因是什么，我当然不会抱怨。一天里，她会多次给我工作房间的壁炉里加煤，还会给我送来大杯的热牛奶。双手捂着已有缺口的陶瓷杯，这能帮助我对抗从窗框和砖房之间的空隙吹进来的冷风。

抛开祖母的关照不说，我一个人在相对安静的环境中工作。唯一的声音，就是我每次用短粗的刀切完皮革时发出的利器特有的嗒嗒声，偶尔也能听到在楼梯对面房间里工作的两名女性使用缝纫机时发出的嗡嗡声，或者我哥哥在楼下生产区域里欢快的口哨声。

杰夫已经干了四年。掌握了缝制鞋面的技术后，他被"提拔"去操作制鞋流水线上的机器。除了布雷克鞋底缝纫机外，他会使用其他所有机器。我父亲几乎把这台缝纫机当作"圣物"对待，很多年来，其他人都不允许接近这台机器。他会警告道："这是个喜怒无常的野兽，维修特别麻烦。"这只会让我更想使用那台机器。

父亲不在工厂时，我会练习使用布雷克缝纫机。我稳稳地把底朝上的鞋放在一个"角"上，让针头从上向下穿刺，围着用胶水临时黏在一起的鞋底和鞋面缝出一条线。针头的速度由脚踏板控制。使用这台机器所需的技能，是在高速状态下准确地控制针头的方向，可只有我父亲能在不犯错、不在鞋底错误地扎出孔洞的情况下以最快速度使用这台机器。跑鞋的鞋底在脚跟处非常窄，所以像我一样的门外汉"冲出跑道"的情况经常出现。最初几次尝试导致鞋底扎满洞后，我把蜡灌进洞里，希望父亲永远不会注意到。

我已经考虑了很久，所以我要借这个机会，向 20 世纪 50 年代初的几十个客户道歉，当填充的蜡脱落后，福斯特跑鞋上出现的神秘孔洞肯定让他们感到莫名其妙。要说安慰的话，如果你还留着那双鞋，那些鞋如今在易贝（eBay）上可能很值钱——那可是未来锐步的创始人亲手缝制的有瑕疵的福斯特跑鞋！

我对布雷克缝纫机的操作最终还是熟练了起来，可就在我越来越熟悉鞋厂生活的方方面面时，我的学徒生涯戛然而止。我被迫离开了自己熟悉了 18 年的一切，因为国家兵役而被投进了军事训练的冷酷世界中。

除了失去家人和朋友带来的舒适感外，我和琼也断了维系了一年的恋情。我们，或者说我，认定维系长距离恋情是不可能完成的任务。我没有对她说，另一个被征兵入伍的朋友警告我，服役期间我会被皇家女子空军（Women's Royal Air Force）包围。

1953 年 9 月 3 日，在 18 岁生日的四个月后，我登上了前往贝德福德（Bedford）的火车。在那里，我和十名应征入伍者一起坐在一辆"马车"（后面盖着帆布的运货卡车）后面被送到了皇家空军卡丁顿接待中心（RAF Cardington Reception Unit），在那里领取装备并接受体检。

我选择接受雷达操作员培训，后来驻扎在萨福克郡（Suffolk）的鲍德西皇家空军基地（RAF Bawdsey）。但首先，和所有征召兵一样，我需要接受八周强制性的新兵训练，好让自己达到合适的身体状态。这一段在沃灵顿（Warrington）附近的帕德盖特（Padgate）进行的极其严格的训练包括荒谬的早起训练、大量毫无意义的行军，还有很多枯燥的任务，如清扫地板和刷洗军靴。从本质上说，这些训练都是与自律、时间管理和努力有关的，日后我因为这些特质而受益颇多。

在童子军时代，我和同伴总是在周末一起参加训练，这让我为服兵役做好了准备。所以，当我们准备前往各自的岗位时，我的精神状态比同队的很多人都要好，他们要么很想家，要么因为不得不忍受纪律如此严明的环境而感到震惊。

家长被邀请来观看结训阅兵。我母亲来了，但父亲没来。因为阅兵安排在工作日，所以我不认为他会来，但我还是记下了到场观看的父亲的数量，他们都想办法抽时间参加了这个仪式。

新兵训练结束后，我在皇家空军耶茨伯里基地（RAF Yatesbury）开始接受雷达操作员培训，这里距离斯温顿（Swindon）不远。周六夜晚，我们几个当兵的会去斯温顿，一边听着乔·罗素（Joe Loss）伴舞乐队的音乐，一边把满脑子的技术培训忘得一干二净。

六周后，我被授予了第一个"火花"，也就是一个无线/雷达操作员臂章。皇家空军鲍德西基地还在建设，所以我被分配到了皇家空军费利克斯托基地（RAF Felixtowe）。第二次世界大战期间，这里曾被用作空军和海军救援队驻地，可当我坐在空军运兵卡车里从火车站经过这里前往基地时，这座小城显然已经拥有了更加现代的痕迹。

这座城市地势较低的一半仍处于大型洪水过后的恢复阶段，在房屋墙壁的 4 英尺（约 1.2 米）处还能看到高水位线，还能看到筋疲力尽的当地居民绝望地试图从被水浸泡的房屋中抢救任何财产。清理工作已经开始，我希望我们能被分配前去帮忙，可当我们的车队朝着城外越开越远时，我意识到这不可能了。

相反，我被引入了技术性间谍活动的"复杂"世界中。我梦想自己能听到外国将军之间的加密对话，或者在舒适的未来主义风格的地堡中成为挫败敌人空袭的英雄。可在现实中，我们的雷达站位于特里姆利希思（Trimley Heath）地区一个冰冷的小屋里，那是战争留下来的遗迹。穿着惹人发痒的皇家空军大衣瑟瑟发抖的我，任务就是盯着模糊的绿色屏幕上难以辨认的圆点，而这个屏幕需要不停地拍打，才能避免自动关机。

极度失望的我以为这就是英国雷达工作的全部，直到鲍德西皇家空军基地建成后我才改变观念。在那里，我的眼界打开了，看到了自己希望看到的那个世界。在一个通过约 800 米长的通道连接的海底指挥中心里，我坐在工作台上温暖的战斗机控制室中，研究着最顶尖的设备，这个设备向整个工作台散发着温暖的橙色光芒。

我身在四个战斗机控制室之一，所有控制室都能看到一张巨大的地图，显示英国的东海岸以及跨过北海的欧洲大陆。地图的每一边上还配备了皇家女子空军的动态绘制员，她们的任务是利用追踪系统的信息跟踪我们这个地区所有飞机的行踪。除非佩刀（Sabre）战斗机或霍克猎人（Hunter）战斗机从本地的皇家空军基地或美国空军基地起飞，否则我们的战斗机控制室总能保持相对平静。战斗机飞行员是英雄，有这种想法的不只是两眼发光的皇家女子空军。他们是做着真正的工作、有气质又酷的人，我一直渴望成为他们中的一员，渴望自己成为被召唤去"解决"敌人的人。这并不是说我不喜欢自己不那么有英雄色彩的角色。我处于信息技术的最前线，我看到了一个正在快速发展的世界。可是，谁不想作为战斗机飞行员被人崇拜，特别是被皇家女子空军的女性们崇拜呢？

指挥中心由两个团队负责控制。一个团队负责早上八点到下午一点的早班，随后由另一个团队接手，一直工作到下午六点。这给了我们大量时间去了解鲍德西庄园（Bawdsey Manor），去探索蜿蜒在一个私人海滩上的林地、下沉花园和悬崖峭壁。这种美好生活的唯一干扰，就是战斗机飞行员在夜晚时分进行的空中拦截训练。所幸，这样的训练并不频繁，可如果你恰好在宣布当晚训练的那天上早班，你就需要值两次班，第二次从下午六点开始。尽管战斗机上配备了雷达，但飞行员仍然依靠指挥中心里的控制员引导才能找到位置。直到控制室将所有接受其指挥的战斗机送回基地后，我们的值班才算结束。我们这个由四名雷达操作员和两名负责制图桌的皇家女子空军组成的团队这时可以离开工作岗位，回到皇家空军宿舍，这需要走过一条没有灯光的约 800 米长的森林小路。在半夜护送皇家女子空军成员穿过森林，这改变了我很多战友对夜班的看法。

我在军队服役期间，体育也在不断发展。人们跳得更高、游得更快，也跑得更快了。例如，罗杰·贝尼斯特（Roger Bannister）在 4 分钟内跑完了 1 英里（约 1 609 米），这是一个放在过去不可想象的壮举。这场赛跑以及由此而来的媒体曝光，引起了公众对田径运动的强烈兴趣。不幸的是，贝尼斯特穿的不是福斯特公司的跑鞋。他脚下穿的，是我父亲最大的竞争对手 G.T.Law & Son 公司的跑鞋。未经专门训练的人看不出这两种跑鞋的区别，可总部位于伦敦的他们更容易接触到像罗杰·贝尼斯特这样的英国南部的顶尖运动员。

除了对鲍德西皇家空军基地感到惊叹外，罗杰·贝尼斯特创纪录的行动进一步强化了我的信念，公众普遍认为无法实现的事，并不意味着它真的无法实现。

多亏了高超的羽毛球技术，我的大部分时间不用停留在某个雷达站，服役的很多时间都用来打羽毛球了。最后，当我的两年服役期快要结束时，我被叫到人事主管的办公室。他请我坐下，随后问我有没有兴趣签约，在皇家空军开启职业生涯。如果有兴趣，我立刻就会被送去参加军官培训。我沉默了，我没想到会听到这些话。我以为自己要面对的是为重返平民生活而准备的简报。

我还是没有说话。那个军官看着我，头侧向一边问："怎么样？"我的大脑还在评估他的提案。那是向着战斗机飞行员培训迈出的一步。我想到了皇家女子空军的女孩们。我感受到了极大的诱惑，可大脑里的一个声音告诉我，另一个宿命正等待着我。

就这样，我在 1955 年 9 月回到博尔顿，又一次进入家族产业。两年时间里，很多事情发生了变化，我自己也是。我终于摆脱了限制自己了解更广阔世界的地区性思维模式。我的视线越过了博尔顿的工厂烟囱，超越了维多利亚红砖式房屋，也突破了原本注定的兰开夏郡人生轨迹——出生、劳动和死亡——其中点缀着专门留给足球的周末第一天，以及用作宗教活动的周末第二天。

我现在知道，外面有一个庞大而广阔的世界，我对得到关注、表扬和认可的渴望发生了 180 度转弯，从自我满足转向了寻求外部世界的认可。我想证明自己，成为全球革命的一员。我只是还不知道该怎么做，即便一切已经摆在了我的眼前。

博尔顿漫游者队是 20 世纪 50 年代最伟大的足球队之一，他们让国际体育媒体开始关注这个小城。这个现象再配上公众对运动的兴趣大增，原本应当让福斯特跑鞋源源不断地收到来自英国各地体育商店的订单。可在我离开的那段时间里，原本如洪水般的需求却变成了水滴。

这并不是说我的缺席导致业务低迷。新的运动鞋公司开始在行业中站稳脚跟。当阿迪达斯（Adidas）和彪马（Puma）这样的品牌开始将越来越多新设计投入市场时，福斯特公司还秉承着"造好就有顾客上门"的理念，他们以为市场会继续找到他们。如果想寻找一个不变的常量，那就是我父亲和叔叔一点儿也不开明进步的态度。

尽管我们仍以比尔手工缝制的高价运动鞋而闻名，公司还是做出了一个改进。通过朋友的朋友的帮助，比尔想办法在美国签下了一份合同，每个月都向耶鲁大学（Yale University）的主教练弗兰克·瑞安（Frank Ryan）和鲍勃·吉恩杰克（Bob Geinjack）交付 200 双手工缝制的 Deluxe 运动鞋。这相当于一只脚迈进了利润极其丰厚的北美市场，但我觉得他们两个人都没有意识到眼前的机会究竟有多大。

当我服完兵役回归家庭时，我希望扩大这笔业务的规模，我想知道我们能否为更富裕的大西洋对岸开发其他产品线，但比尔和我父亲不感兴趣。他们满足于这个不需要烦心的业务，甚至不担心达斯勒兄弟在国内外都受到欢迎的阿迪达斯与彪马品牌会让这份协议受到威胁。我觉得，如果不做反击，达斯勒家族就会把福斯特品牌挤出市场。

这不是唯一让我沮丧的事情。我认为，既然外面的销售代表可以到工厂向我们推销皮革，为什么我们不能把鞋拿到街上向他们推销呢？这是合理的做法，也是至关重要的做法。可我父亲和比尔又一次否定了我的想法。

我父亲和叔叔封闭在骄傲自满的小圈子里，对商业场景的变化一无所知。对他们来说，那时的目标不再是用新设计、改进的模板和更有进取心的营销去提升公司的地位。他们关注的是为每一个家人维持丰厚而稳定的收入。那不过是一份工作，是一种谋生方式，能让他们过上富足的生活。任何颠覆现状的行为，任何涉及更多的思考，都会立刻遭到驳斥。他们没有激情，只是渴望舒适、满足和安全感。

　　扩张是不可能的，维持现状的难度已经足够大了。无论是在哪里订购皮革，还是用什么材料包装鞋，他们在任何问题上都不能达成一致。无论做出什么决定，另一个兄弟都会提出反对意见，导致所有工作不断延迟。

　　我看着沮丧的情绪在这个曾经欣欣向荣、如今却陷入衰退的公司内部四处滋生，看着两位老板的固执阻碍公司的发展。祖母玛丽亚是唯一能够避免公司从内部解体的人，她总是在两个儿子针锋相对时介入，解决纠纷。"别这么蠢，"她说，她瘦小的身躯和木头扫帚是唯一能阻止两人的冲突进一步升级的因素，"你们想让我把你们的脑袋撞在一起吗？你们这两个傻瓜。快去干活！"

　　到目前为止，玛丽亚并不是唯一一个对我父亲和比尔失去耐心的人。有些事，现在已不得不做。

SHOE MAKER

THE UNTOLD STORY OF THE BRITISH FAMILY FIRM THAT BECAME A GLOBAL BRAND

第 5 章

我终于受够了

比尔和我父亲对发展福斯特品牌的冷漠态度，开始影响我对商业的野心和兴趣。如果两名船长对不断上涨的水位视而不见，那么一个低级军官试图拯救正在下沉的军舰又有什么意义呢？

我再次把精力放在了自己的社交生活中，我和琼旧情复燃了。我俩与分手前无缝衔接，但她能看出我不像过去那么轻松、快乐和自由了。过去我们的对话非常放松，让人愉快，现在却变得更深刻，我也变得比服兵役前更忧心。我经常在约会时发泄自己的沮丧。"这只是份工作，"她会这么说，"工作时做你该做的，然后忘掉这些事。"我这样做了，尽自己所能这样做了。可在内心深处，我知道如果这样继续下去，未来就不会再有工作可做。不止如此，为一家没有远见的公司工作，而且这家公司还是你的家族产业，这是一件让人根本无法产生满足感的事情。

同样服兵役的杰夫在我退役的九个月后回到了家里，他也能看出公司正在冲向危险境地。哥哥回家是件好事，能听到想法类似的理性声音也是好事，但和我父亲一样，杰夫几乎不做抵抗就成了既定路线的追随者。他觉得，如果工厂被迫关门，他也能在其他地方找到工作。我哥哥不像我那么直率，当我表达担忧时，他会保持沉默，任由事情自然发展。我猜杰夫属于被动型人格，而我是主动型人格。杰夫会在别无选择时采取行动，而我会主动采取行动，以避免情况发展到别无选择的地步。

如果不是杰夫被迫做出改变，也许福斯特公司会一成不变。杰夫刚刚穿上那件米色的工厂大衣，父亲就因为结核病住进了医院。父亲住院意味着杰夫和我必须接管父亲的业务，而比尔还在继续制作那些特制的手工鞋。工厂里的生活继续保持着相对平静的状态，没有了两兄弟的日常冲突，比尔很乐意让我们俩处理自己这一边的业务。

父亲的缺席重新点燃了我和杰夫对商业的激情。在无人监管的情况下，我们可以做自己想做的任何事。那是我们第一次有机会在产品上留下自己的印记。我们没有浪费时间，立刻开发出两款新跑鞋，即白色的 Trackmaster 和 Sprintmaster。我们心想，如果能在福斯特公司内部培养创新力，也许我们就能带领公司避免灾难。但就在这时，父亲回来了。

大多数有过濒死经历的人也许会用更放松的心态对待生活，例如，走在路上时会停下来闻一闻玫瑰花，但我父亲不是这样的人。他迫不及待地重新投入与自家兄弟的斗争中，在他重返工厂的第一天，玛丽亚就不得不竭尽全力地制止两个人再度争吵。很快，所有的开发活动都停止了，正如我所料，当其他品牌进一步蚕食我们的市场份额时，公司的情况变得比之前更差。因为受到限制，我再次兴趣乏然，精力也转移到远离工厂的生活中。

在我退伍一年后，琼和我在安斯沃思（Ainsworth）的一个教堂里举办了小型的结婚仪式，琼的父母就住在安斯沃斯这个小村子里。我们跟他们一起住了 12 个月，随后在博尔顿北边的哈伍德（Harwood）贷款买了一栋小房子。

有那么一段时间，我们很享受在自己的小房子里的美好生活。按照琼的建议，我学会了分割管理。工作是工作，家庭是家庭。这很舒服，也很便利，但我能感觉到内心深处的沮丧感正越积越多，我又回到了被乡下亲戚包围的环境，我觉得自己的人生没有方向。家族里必须有人死亡，才能破茧而出。

也许是因为阻止我父亲和比尔吵架的压力太大，也许是因为酗酒，也许只是因为到时候了，1957 年，祖母玛丽亚终于被肺炎压垮了。她被迫躺在床上，痛苦地被自己的肺部折磨着。幸运的是，这样的痛苦只持续了几天时间。

她的葬礼很隆重，有葬礼该有的样子。可当我站在雨中，看着人们将潮湿的泥土盖在桃花心木棺材上时，我产生了一种强烈的预感，我感觉祖母的去世并不意味着家庭矛盾的终结，而是未来更黑暗时代的开端。这在父亲紧锁的眉头、比尔的低声抱怨以及两人之间的距离中表现得越发明显。杰夫和我看着彼此，翻起了白眼。

随着玛丽亚的去世，再也没有人能阻止我们的父亲和叔叔散伙。我们原本希望母亲的突然去世能让两人变得理性，能为两人带去一些兄弟情谊。我们想错了，也不知道接下来会发生什么。没等太久，我们就看到了结果。

葬礼过后的那个周五，杰夫和我在奥林匹克工厂里操作机器时，听到走廊上的办公室里突然传出巨大的声音。我们已经习惯了类似的喊叫，但这次的情况不太一样——这次争吵的声音更大，攻击性更强。我们赶紧跑到了争吵现场。

父亲把比尔摁在一个文件柜上。比尔满脸通红，试图挥动手臂时，口水从他嘴里喷了出来。父亲的眼睛瞪得很大，我从来没见过他这么疯狂的样子。在奋力阻止比尔出拳时，他手臂上的血管暴起。我拉开父亲，杰夫拉住了比尔。

"你们在干什么？"我大喊道。

"他就是个没用的酒鬼。"我父亲用一根手指指着他的兄弟说道。不可否认，比尔身上总有酒臭味，他甚至一大早就开始喝酒，午饭后通常喝得更多。他操作的机器，很容易就会切掉哪怕是最清醒的工人的手指。他的十根手指依旧健全算得上是一个奇迹。

"你和我，咱俩完了。"比尔骂道。

"我没意见。"父亲说。

杰夫想办法把比尔拉出了客厅，而我试图让父亲冷静下来，希望他理性一些，可他的状态就是谁的话都不听，特别是他儿子的话。我很早就意识到，在谈到他一生中尊重的人时，他的孩子们排在最后。子孙后代不过如此，就像皮革的边角料一样，属于只有在需要时才有用的无关紧要的副产品。

那天大打出手后，比尔和父亲明确拒绝互相交流，你可以想象，这对高效经营企业没什么好处。我们的票据无人支付，存货开始大量减少。但他们主动形成的沉默也有一个好处，他们很少打扰杰夫和我，我们得以继续新的产品设计。

尽管这时我们在开发端取得了进展，但在销售和分销领域，我们仍然远远落后于竞争对手。我恳求父亲聘用销售代表去拓展我们的业务，可正如我的所有想法一样，这个建议也被他驳斥了。他满足于现在的经营情况，满足于公司的温暾状态，靠着名声和本地关系以及偶尔出现的爆发式订单生存。

《博尔顿晚间新闻》不久前就福斯特品牌的业务采访了我的父亲，他在采访中表示，自己有 20 名员工。

仔细看完那篇文章的杰夫问他："爸，20 名员工？"

"如果算上邮递员、清洁工和所有送货的司机，就有 20 人。"他这样回答，仿佛对这个合乎逻辑的回答很满意一样。我们公司里实际上只有 8 个人，包括父亲、比尔、杰夫和我，不过看到他用了一次营销技巧，还是给人耳目一新的感觉。

抛开这个错误的信息，到 20 世纪 50 年代中期时，公司发展还是陷入了停滞。福斯特公司仍然停留在 20 世纪 30 年代的思维方式中。父亲的座右铭是"没坏就不修"。问题并不在于我们有东西坏了——他们两兄弟的关系除外——而是竞争对手在不断进步，迅速向前发展，而杰夫和我都能看到，我们正走在相反的方向上。

尽管哥哥和我算不上人们口中的"好兄弟"，但我们确实互相欣赏、互相尊重，彼此支持。在社交层面，我们有不同的圈子，喜欢不同的体育运动。杰夫每天都骑自行车，而我一周会打三四次羽毛球。

我们也会在社交舞会上见面，就是在这里，我一边看着琼和她的一个朋友在拥挤的舞池中转起连衣裙，一边向杰夫建议，我们一起去找父亲，和他一起抛开比尔设立一家新公司。杰夫皱起了眉头，他觉得这对比尔叔叔不公平，这会给人一种背叛的感觉。我对他说，比尔那边的生意没有持续不断的纷争也能繁荣发展，如果没有那么大的压力，说不定他还会戒酒。最终，杰夫同意了我的提议。

父亲坐在客厅的办公室里，将一堆票据从桌子的一边挪到另一边，他打开一个抽屉后又关上，然后走到房间的另一边拉开了另一个抽屉。

"爸，我得跟你谈谈。"我希望得到他的全部关注。我希望他看着我，看到我严肃的样子，看到我不是心血来潮，不是年轻人的突发奇想。

他还在房间里走动，没有抬头地回答："嗯？"

"我有一个想法，我们有一个想法……"

"我们是谁？"他背对着我问道，继续翻弄一个装满文件的抽屉。

"我和杰夫。我们在想……"

"你见到阿克莱特那张旧订单了吗？就是板球鞋那个。"

"没见过，我……杰夫和我觉得，我们应该和你一起开设一家新公司，一家更现代化的公司，和福斯特公司一起经营。"

"你祖母把那东西放哪了？"他在继续翻箱倒柜。

"所以，你觉得怎么样？"

他转过身来，眼睛看向房间各处，就是不看我。"什么怎么样？"

"关于我、杰夫和你设立一家新公司。"

"没兴趣。另外，你根本不懂怎么经营企业。"他的眼神很冷，一副漠不关心的样子。还是孩子时，我见过太多次这样的表情，就像我想在学校的赛跑日骑在他的背上，像其他孩子和他们的父亲一起开怀大笑一样；或者像我母亲提醒他当天是我生日，而他只是嘟囔了一句生日祝福，别扭地揉了揉我的头发一样。他转过身去，继续寻找丢失的订单。"不管怎么说，你不需要另一家公司，因为很快你就会得到这家公司。"

"什么意思？"我再次问他。

"你叔叔比尔活不了多久，他喝酒太凶。等我们俩死了，你和杰夫就能得到一切。"

我什么也没说，这一切都是徒劳。我知道不久后不会有公司给我们经营。我叹了口气，留下他自己继续寻找订单。

等到我们继承福斯特公司时，市场上不会再有这种老古董公司的容身之处。我们要么选择继续催促父亲和比尔做出必要的改变，要么自己单干。我能承受的沮丧也是有限的。可我既没有钱，也没有商业经验，和杰夫一起开设新公司的想法太疯狂了，更别说根本不可能实现。我确实很有野心，但我不傻。

杰夫和我对制鞋仅有的了解，就是过去几年我们在鞋厂工作过。无论福斯特公司最后是倒闭，还是在轮到我们继承时奇迹般地保持着良好状态，我们都需要了解商业的各个环节，不只是生产，也要了解购买股票、记账、销售与分销、员工管理、制模、设备维护等众多知识。

扩充知识的方法只有一个，那就是回去上学。于是，我们骑着杰夫的小摩托车，到当地的一所大学参加制鞋课程，每周有三晚需要上课。走过大学的校门，我觉得自己是在后退，而不是在前进。

除了读夜校，杰夫和我在接下来的几个月里仍然正常上班，私下里悄悄研究假如最终能够接手福斯特公司时可以采取的行动。我们甚至开始考察新的地址，为未来有一天公司规模扩大到需要更大的厂房时做准备。

一边学习一边工作需要大量时间、精力与专注，这也给我们带来了很大的经济压力。这个课程只有花钱才能上。有一天，极其自信的我问父亲是否愿意为我们支付学费和交通费用。我解释道，杰夫和我学到的知识不仅在我们继承公司时有用，同样也对公司现在的盈利有用。可我早该知道结果。"你的时间，你想做什么就做什么，"他说，"但不是用我的钱。"

杰夫和我学到了大量有用的技能与知识，我们迫切地想要说服父亲或比尔，在制鞋或者商业实践问题上听取我们的一些改进建议。我们本可以做很多带来改变的事，可他们一次又一次拒绝听取我们的意见。对他们来说，我们只是两个想做出点成绩的孩子，他们觉得我们自以为无所不知，想教大人做事。

事实上，他们不需要我们，也知道生意正在快速走下坡路。他们从报表的数字中就能看到这个现实。公司开发出的新设计仍然不够多，仍然依赖过时的营销手段，如每周持续发出的纸质广告。比尔和父亲没有控制生意，而是生意控制了他们。我们完全依赖现有的客户和市场，而且其中很多消费者已经被阿迪达斯、彪马和其他定期推出全新的、更好的产品的品牌吸引。我们需要向外扩张，进入新的领域。但我们没有这样做，而且我现在知道，我们绝对不会这么做。我能看到危机迫近的信号。杰夫和我都知道，有些事必须做。最后，任何产生改变的建议都被毫不迟疑地拒绝，我终于受够了。我做出了决定。

SHOE MAKER

THE UNTOLD STORY OF THE BRITISH
FAMILY FIRM THAT BECAME A
GLOBAL BRAND

第 6 章

摊　牌

看着福斯特公司的衰落和其他公司的繁荣发展，这种沮丧的情绪吞噬了我。终于得到使用布雷克缝纫机的许可后，我就像参加汽车大奖赛的赛车手一样，操作针头游走于跑鞋鞋底。我从来没尝试过用这么快的速度缝制鞋底，可因为心里有不顾后果的怒气，我开始冒险，像转动方向盘一样转动着鞋底，操作着针头在鞋跟处狭窄的曲线上移动。我紧咬牙关，脚把加速板踩向地面，视线集中于一点。我踩得更狠了。像活塞一样的针头上下穿梭得更快，像开火的机枪一样发出激烈的噼里啪啦的声音。然后，在最后一个转弯处，我崩溃了，针头在足弓上扎出了一道线条，差点扎在我的手上。

我骂了句脏话，剪断线绳，把鞋扔在地上。我走过空荡荡、只有灰泥墙的走廊，走进了办公室。在祖母带折叠板的办公桌后，我父亲坐在黑暗中，翻看着一份《运动周刊》（*Athletics Weekly*）。铜制台灯给他的脸上带去一点光亮，光线照在他灰色的眉毛、冰冷的蓝色眼睛以及下垂的脸颊上。我一下子跌入他面前的软垫椅子时，他瞥了我一眼，接着又去看杂志了。他一直在看杂志，什么也没说。

我没心情绕弯子了。"爸，杰夫和我要走了。"他没有反应。我等了一秒钟。"爸，你听到我的话了吗？"

他的声音很平静，眼睛依旧盯着杂志。"为什么？"

"我们必须走。生意在下滑，而你不让我们帮你。"

他缓缓合上杂志，把杂志放在桌子上后抬起头。

"我之前跟你说过，我不需要你们的帮助。我们很好……"

"爸，我们一点儿也不好。我们正在丢失市场，我们需要有人出去寻找新业务，我们需要新的设计……"

"我们很好，"他打断我的话，"你还年轻，没有耐心。我跟你说过，这些很快就是你们的了。"他用眼神和随意甩了下头做出了表态。

我盯着他那双毫无生气的眼睛。我看到了一个没有斗志的男人，他的脸上满是岁月、辛劳和酒精留下的痕迹。我看到了一个向命运认输的男人——他屈服于自己的出生、劳动与死亡。我看到了一个人，他相信自己知道自身的定位，他认为人生就是努力工作、养家糊口，而不是创新进取，他认为自己不过是一台运转良好的机器里的齿轮。这是他不做任何挣扎就接受了的命运。

可我不是这样的人。我深吸了一口气，"我们要走了，就是今天。杰夫和我要成立一家新公司。我们想跟你一起干，但你说你……"

他突然站了起来，眼睛里重新焕发出斗志。"这是你的主意，对不对，不是杰夫的吧？"他从皮面的桌子上抓起一把钢制开信刀，手持在腰的高度，刀尖对着我。我跳了起来，椅子在光滑的木地板上划出了痕迹。在那一瞬间，我以为他真的疯了。我们面对面，眼睛瞪得大大的，都在等待对方的下一个动作。父亲伸出他的手臂，用刀指着我。"给你，你干脆现在把我捅死算了。"他松开手掌，要把开信刀递给我。我从他的脸看向刀，又看向他的脸。我从来没见过他这么厌恶憎恨的表情。

转身离开时，我觉得自己的心脏仿佛被捅了一刀。从形式上看，我确实遭到了背刺。父亲切断了我们的关系，却把罪责归结于我。不是我和杰夫，就是我。我知道自己做什么都无法与他和解。从很多角度上看，我觉得他多年来一直想断绝我们的关系。如今，既然我们要成为商业上的对手了，他自然找到了最完美的理由。

我没有沿着走廊走回去。相反，我右转走出大门，站在了阳光下。天空十分晴朗，只有两片云。我心想，我和杰夫终于解脱了，以后全靠我们自己了。

我深吸一口气，回头看了看路边几乎一模一样的排屋，这些形式统一的房屋只有些许区别——窗台上多一盆植物，深色的窗帘，或者前门刷上了不同颜色的油漆。我从传统的锁链中解放出来了，我终于可以摆脱"一件事在很长时间里一直这么做，所以就该永远这么做下去"的心态了。

我可以自由地计划自己的方向，取得超越所有人预期的成就。现在的我不再面对各种限制，没有强制的规则，我的梦想和抱负不会再被人打压。就是我和杰夫，我们拥有自由的未来。

我盯着自己刚刚走过的大门，脑海中勾勒出人们排长队抢购跑鞋的画面——他们站在满地雨水的灰色石板路上，排队购买我的祖父在 1895 年创造出的那双具有未来主义色彩的跑鞋。自从父亲和比尔接手后，那样的长队就再没出现过。他们现在大概正在体育商店外排队，购买最新款带内嵌鞋钉的彪马 Weltmeister 足球鞋，或者有着尼龙前掌的阿迪达斯 Melbourne 钉鞋。如今在奥林匹克工厂门前堆积的，只有被风吹起的《博尔顿晚间新闻》，那些都是过时的报纸，就像福斯特品牌一样。我走开了，我的自由感中多了一点点怀旧之情，仿佛我看到的已经是历史一样。我走开了，不知道那些门还能开多久。

SHOE MAKER

THE UNTOLD STORY OF THE BRITISH
FAMILY FIRM THAT BECAME A
GLOBAL BRAND

第 7 章

水星公司崛起

▼

尽管我做出了一些暗示，但琼的第一反应绝对称不上支持。我们贷款买房刚刚一年，琼正在进行房屋的改建，还有很多账单没付。但她知道我在很长时间里工作一直不开心，再加上我充满激情和乐观的鼓励，描绘出自己作为企业主没有上限的收入潜力，我最终还是赢得了她的支持。至少现在，她是支持我的。

与父亲的"冷战"还在继续，但针对的只有我一个人。他把杰夫看作无辜的参与者。在我父亲眼里，我哄骗，甚至霸凌自己的哥哥，让他设立了一家"对手"企业。我推动福斯特品牌发展的渴望，使得我的态度比杰夫更直率，但他也确实更安静，更偏向追随者，而非领导者。然而，我们俩都在工厂里工作过，都在服兵役时打开了眼界。近来，我们不仅拥有发展福斯特品牌的欲望，而且我们强烈地意识到，如果不跟上 20 世纪 50 年代的发展趋势，福斯特公司就注定灭亡。

可就像往常一样，我成了担责的人。我天生拥有和父亲一模一样的顽固，我们都不会承认自己犯错。现实中，我们两人都是对的。父亲满足于不需要付出更多的努力，不需要让事情变得更复杂。他想维持现状。这是他那个年代的文化，是他的行为方式。如果他拒绝因为时代变化而改变，最终导致生意崩盘，那就崩盘好了。这是他和比尔的事，他可以做自己想做的事，即便这意味着毁灭。

另一方面，我需要摆脱附加在自己创业精神上的桎梏。如果只是打卡上下班，不做任何怀疑地、机械地完成交给自己的一切任务，我忍受不了这样的企业，也做不了这样的工作。如果存在需要改进的地方，那就必须改进。只沿着既定路线行走，这毫无道理。但父亲和我的差别极大。

如果说现在只有一条路可走的话，那就是向前的路。但问题是，我该怎么做？完整的制鞋课程需要两年才能读完，可即便我们已经读了快一年，我们也不能在没有收入的情况下等那么久。当杰夫继续学习更多与设计和制模有关的知识时，我选择了退学，天天出门考察机器和厂址，以便尽快开始做生意。

我决定不在博尔顿租房，部分原因是对福斯特品牌的尊重，但也是因为我想靠近兰开夏地区更成熟的制鞋区域——也就是向东八九千米之外的罗森代尔山谷（Rossendale Valley）一带。

适合我们创业的地方很多，但我们也需要一个住处。尴尬的是，尽管我们已经脱离了家族产业，但杰夫仍然和父亲住在一起，这对他们两人来说都不是理想状态。杰夫不断受到攻击，而父亲永远能看到两个儿子的背叛。我们都认同他应该赶紧搬出来，可没钱就没法搬家。

筹集足够资金租借厂房的唯一办法，就是卖掉我的小房子。这意味着琼和我必须搬回去和她父母住一段时间，直到我们找到合适的厂房，找到其他能够称为家的地方。

我当然不希望和岳父母同住，尤其是在我们已经习惯了自己小家的舒适生活之后。但我明白，想要前进，有必要先后退一步。

20 世纪 50 年代末，罗森代尔山谷一带有很多空置的建筑，其中大部分已彻底损毁。我们选择了一个几乎完全损毁的建筑。只要稍作修补，加上对其他情况视而不见，贝里镇（Bury）附近博尔顿街上的一个废弃的啤酒厂就变成了我们的启动场地。

我们可以找到很多理由，认定这个单门对称式三层建筑不是理想之选。这栋建筑是石板屋顶，雨水会通过拳头大小的洞流到不够稳固的三层地板上；脚下的横梁发出让人感到危险的嘎吱声响；一层中心还有一个散发臭味的废弃水井，这里先是被之前租借场地的床上用品公司用作旧床垫的垃圾堆，后来变成了博尔顿街上的老鼠们最喜欢的聚集场地。

然而，这个房子也有几个优点。

首先，一层的一片区域拥有独立的入口，可以通向房子侧面的一大片园地。我们可以分租这片区域，获得额外的资金。

其次，这个工厂里包括住宿区，这意味着琼和我可以搬出她父母家的小卧室住进工厂，就像祖父乔和祖母玛丽亚在创立福斯特公司的年代那样。杰夫决定在那段时间里继续和父母住在一起。

最后，工厂外正好有一个公交车站，这对琼来说很便利，她可以坐车去临近的拉德克利夫（Radcliffe）的格林盖特 & 艾尔维尔橡胶公司（Greengate & Irwell Rubber Company）上班。

琼开始着手装修我们新的三室小家，尽可能地利用生意投资后剩下的钱让我们过得更舒服。我们把仅有的几件家具搬进大门，经过玻璃墙办公室，搬进了狭小的居住区，在那里我们要塞下一个双人沙发、一把扶手椅、一个茶几和一台黑白电视机。当我拖着家具四处忙碌时，琼把手放在隔壁小厨房里的一圈蓝色火焰上取暖。

我爬上了办公区角落里的一个木质楼梯，这个楼梯通向唯一一个经过装修的房间。我蹑手蹑脚地走过铺着地毯的地板，打开一扇窗户，看着一群吵吵闹闹的女性走进博尔顿街上正对着我们、大门贴着瓷砖的公主舞厅。

趴在窗户上向外看，我能看到三个驼背的男人，走向我们隔壁院子另一边的尼尔森爵士酒吧，他们的手插在口袋里，脸色苍白。他们走得很慢，甚至给人孤苦伶仃的感觉，仿佛每天晚上去喝酒是一种义务，和去上班一样。对其中最冷漠的一些人来说，事实可能确实如此。

我深吸一口气，这就是家了。这是我们看到的生活，这样的生活有了那么一点色彩，多亏了每天的酒精、一周两次与宾果游戏主持人开玩笑，还有两周一次前往吉格路上贝里足球俱乐部的绿色草坪观赛。

不过，当地人最支持的球队却是 6 英里（约 10 千米）外主场位于伯顿公园的博尔顿漫游者队。这个俱乐部从未有过如此热情的拥趸。在 1958 年早些时候的足总杯决赛中，他们在温布利球场的 10 万名观众面前 2 比 0 战胜了劲敌曼彻斯特联队。攻入两个球的是本地英雄纳特·洛夫特豪斯（Nat Lofthouse），他脚上穿的自然是福斯特公司的球鞋。

我猜，不是足球迷的我属于少数派。我只对他们的鞋感兴趣。在纳特的案例中，我感兴趣的是他的表现为公司创造的营销机会。我无法理解那些和上万名愤怒的球迷挤在一起、在户外也受局限、还要投入感情的人，他们的心情完全取决于哪支球队在几乎总是下雨的 90 分钟里能更多地把皮球踢进球门。

赛季进行期间，这是每周都会出现的场景。你的收获是什么？是支持的球队取胜后带来的兴奋感吗？那潜在损失呢？是自己和周围人们的痛苦、情绪低落与失望，这样的情绪只能通过下一场一周一次坐在水泥看台上的经历来调节。

最糟糕的是，这一切都不在你的控制之中。不管你有多愤怒，不管你冲球员喊了多少建议，或者向裁判骂了多少脏话，不管你和朋友赛前在酒吧里制定了多少战术，也不管事后你的心情有多复杂，这都不会对结果产生一分一毫的影响。宾果游戏也是同样的道理。

对我来说，一个人的能量最好还是用在自己能控制、至少在一定程度上能控制的事情上。但这已经成为大众自我选择的生活方式，类似博尔顿的城市里的工薪阶层男性尤其如此，而这就是我需要摆脱的生活。当我低头看着沿街的维多利亚式红砖排屋时，我产生了一种兴奋感。现在，我有了一家工厂，我掌握了逃离这种生活的手段。

工厂无论是内部还是外表都不好看，可那是我们自己的工厂。1958 年年底，杰夫和我开始以"水星运动鞋"（Mercury Sports Footwear）的名义做起了生意。

我们通过《鞋与皮革新闻》（*Shoe & Leather News*）购买的杂牌二手机器不得不放置在光秃秃的砖墙旁边，因为一层中心的木地板支撑力太差，承载不了机器那么大的重量。

我们工厂最初的访客之一，是一名来自利兹的皮革销售员。当我们带他参观工厂时，他一脸谨慎地问道："你们确定有足够的设备做鞋吗？"他注意到了我们机器数量少的问题。

我们的每个工作台之间确实存在很大空间，但我们知道自己拥有足够的机器，尽管只是些基础工具。我们在房间中央放置了一个凳子，用于支撑三个手动鞋帮千斤顶，这是大学的制鞋部门主管协助确定的设计。我们不会用稀缺的资金购买某台机器，但没过多久，我们就买了一台卡姆波利安侧面鞋帮机。我们手动制作鞋面，在千斤顶上缝制前掌和鞋跟，现在又可以用卡姆波利安侧面鞋帮机制作鞋的侧面，这台机器不仅能让鞋拥有更好的轮廓，也能提高整个生产流程的效率。

接下来，我们又买了一台粗磨机，其实就是一个转动的轮式线圈，用来磨损皮质鞋面的边缘，使纤维露出，以便更好地吸收黏合剂。这台机器旁边的抛光机用于抛光鞋底。房间这一侧还有三台手动设备：一台用于引导鞋底缝制的槽铁机，一台用于修补鞋面的修补机，还有一台裁样用的切割机。

在房间另一侧的墙边，我们摆放了两台旋转洗刷机，用来去除皮革上的瑕疵，并使之光滑；一台修边机，用于修正鞋底边缘；一堆空气压缩垫，在黏合公路训练和跑鞋的橡胶鞋底时用来压缩空气以增加压力；最后，还有一台和父亲一样的布雷克鞋底机，用来缝制皮质的鞋底。

也许这些机器听起来很多，但也只是我们所需的最基础的机器，刚刚够我们生产有限数量的运动鞋。

虽然自从我们离开福斯特公司后父亲就没再跟我说过话，但杰夫和我的心里还是有一种忠诚感，不愿直接和他竞争。完全从杰夫热衷自行车运动、了解自行车运动员对鞋类需求的角度出发，我们开始定制自行车专用鞋，并开发出了三款运动鞋：Challenger、Aggressor 和

Supreme。经过杰夫几个星期的测试和调整，我们面临的下一个挑战，就是创造需求。

尽管预算很紧，但我们还是拿出一部分资金在《自行车》（*Cycling*）杂志上做了广告。本地的自行车运动员诺曼·凯（Norman Kay）看到广告后打来电话，询问能否成为只拿佣金的销售代理。我们告诉他，背上背包，骑上你的自行车，带着样品去贝里周边 50 英里（约 80 千米）范围内的所有自行车店吧。这个方法起效了。他很受本地店主的欢迎，几个月内，订单需求就超越了杰夫、我和我们可怜的二手机器的生产极限。超额的需求对一家刚起步的公司而言自然是大问题，可如果想让买主开心，我们就需要迅速解决这个问题。如果不能完成订单，我们不仅会遭受收益上的损失，而且会在公司刚起步时就名誉受损。我们需要更多机器、更多原料和更多员工。

我们现有的员工就是杰夫、我和乔伊斯（Joyce）——那是我母亲的一个朋友，在我们需要帮助时会来帮忙缝制鞋面。很明显，我们需要增加几个"乔伊斯"，可我们没钱支付更多的员工薪水。

相反，我们在《贝里时报》（*Bury Times*）上刊登了一则广告，招募一名学徒。我们面试的第一个人是大卫·克肖（David Kershaw），他是个一脸稚气的辍学生，放肆的性格和想要学习一切的渴望给我们留下了深刻印象。

我们每周送他去罗森代尔学院上一次课，一方面是为了暂时摆脱他没完没了的玩笑，但更主要的还是让他学习与制鞋有关的一切知识。

为了支付额外的费用，无论多么微不足道，我们都要确保有更多的收入源源不断地流入公司，因此，我们需要第二名销售人员。我们决定去南边试试运气。这是一场赌博，因为在本地的自行车店和零售店推销水星公司的产品已经很困难了，但我知道，我们早晚都得扩大我们的销售版图。

我们投入更多资金，在《自行车》杂志上发布分类广告。没过多久，我们就收到了几份申请，并任命了第二名自由职业的销售代理。幸运的是，他比第一个销售代理还要成功。

泰勒（Taylor）先生是苏格兰人，他搬到伦敦后成为几个自行车产品的销售代理。他为我们带来了超大数量级的订单，导致杰夫、乔伊斯、大卫和我又一次疲于应对。这时的我们还面临着现金流难题——我们没有现金。是时候和我的第一个银行经理、人称"心脏骤停"先生的斯托帕德（Stoppard）先生进行面谈了。

50 多岁的"心脏骤停"先生身材苗条，头顶光秃，他听我说完创业的融资需求后，马上跟我讲起了他在银行的一个同事在 20 世纪 30 年代如何向比利·巴特林（Billy Butlin）借出 100 英镑的故事。要知道，巴特林是英国非常成功的度假露营公司的创始人。

"心脏骤停"先生明显很嫉妒同事的深谋远虑。他显然也想要一个属于他自己的成功故事，所以我何必跟他争论呢？我对他说，他的比利·巴特林现在就坐在他面前，我会让那个露营公司老板看起来就像一小块炸鱼；如果他有勇气和想象力，相信水星公司能从曾经盛极一时的福斯特公司的灰烬中涅槃重生，我会让他看起来像个金融天才。

他聚精会神地听着，想象着有一天自己也能和那个业界朋友平起平坐。事实上，我没费多少口舌就获得了初始贷款，他同意借给我们 200 英镑。这在当时已经是很大一笔钱了，虽然，从商业角度来看，这笔钱根本不够，但至少是个开始。

琼的叔叔后来借给我们 500 英镑，这才为我们这艘摇摇晃晃的小船带来一点稳定性。他完全相信水星公司，愿意免息提供资金。他对我们的创业活动充满热情，也许他也有了解自己能否收回资金的强烈欲望，所以他会定期骑着自行车来到工厂，询问我们是否需要他做些什么。

有了钱，我们便可以购买更多的原材料来满足现有的订单需求，同时还能偿还其他账单。接下来，发生了一件奇怪的事。

身在伦敦的苏格兰人带给我们的如潮水般的订单突然断了。不是缓慢地逐渐减少，而更像是突然关上了水龙头。我们从几乎满负荷运转，瞬间变成了机器闲置的局面。我接二连三地写信，先是问他身体怎么样，接着又鼓励他，最后，当我们手头的现金再次变得紧张，我因此开始恐慌时，我要求他立即恢复工作，否则就结束我们的合作。但我所有的信件都没有得到答复。

也许他去度假了，没有告诉我们；也许他找到了新的工作机会；也许他生病了。那是 1959 年，我们没有电话，也没有其他直接联络的手段。我能做的就是希望自己的一封信能触发订单重新出现，然后再去找一名销售代理，以防万一。

几周后，我接到了一位伦敦的女士写来的一封信，她在信里问我们是否还有未付给泰勒先生的佣金。信里写道，泰勒先生欠她几周的房租没付，她担心没付的佣金会直接送到泰勒先生还在苏格兰生活的妻子那里。这封信接着写道，泰勒先生已经在几周前的一次车祸中身亡。

我没有继续读下去。我想到了泰勒先生的人生一定发生了什么变化，我想到了很多理由，试图去理解这个优秀的销售代理为什么突然中断联络，可我从来没想过身亡这个原因。这看似不可能，可现实就这么残酷地摆在眼前。

我已经得出了泰勒先生抛弃我们的结论，可在他的消失让我和我们刚起步的生意烦恼、沮丧又愤怒了几周后，我被一种罪恶感包围了。我们可以继续生存，但对泰勒先生和他的家庭而言，这就是终点。

当订单需求迅速增加，特别是本地运动俱乐部的订单越来越多时，我们决定不替换公司的南部销售代表。与将产品销往全国相比，为本地供应、交付产品的费用要低得多，所以在早期资金紧张时，更重视省钱而非地域扩张是更合理的选择。

除跑步俱乐部外，我们也开始受到本地运动商店的关注，尤其是那些为学校提供折扣商品的商店。我们设计出一款价格实惠的带鞋钉跑鞋，这款跑鞋极受欢迎，为我们带来了发展生产线所需的推动力。

尽管这款鞋价格实惠，但绝非只有最基础的设计。我们一般使用铬鞣革（用铬盐保存皮革）制作低价鞋。只有在价格更高的款式上，我们才会使用植物鞣革。植物鞣革的价格更昂贵，通常使用橡树皮。然而，我们的特价跑鞋使用了后一种价格更为高昂的皮革。使用这种皮革时，我们通过创新的皮革采购方法，想办法降低了生产成本。

我们没有像往常一样从鞣皮厂进货，而是从汽车座椅生产厂那里买下了边角料。我们能选择的颜色很少——主要是红色、鸭蛋蓝和米色，但这些皮革柔软、耐用，而且在我们急需资金时为我们省下了一大笔钱。

SHOE MAKER

THE UNTOLD STORY OF THE BRITISH
FAMILY FIRM THAT BECAME A
GLOBAL BRAND

第 8 章

至关重要的人

▼

不出所料，比尔在 1960 年冬天死于与酒精有关的疾病。他和我
父亲的矛盾冲突一直持续到最后。那是一个悲哀的但显然又在
预料之中的结论。我们都深知比尔会早逝，福斯特品牌很快也会跟着
他一起走向死亡。

我父亲成为福斯特公司的唯一所有者，他继承了比尔手工业务
仅剩的两名员工。这两人负责制作发货给美国的弗兰克·瑞安的
DeLuxe 运动鞋，可在比尔去世后不久，两名员工都离开了公司。至
此，福斯特公司再无其他员工。

年轻时，我父亲能熟练地制作这些运动鞋。他可以一边继续履行
那份合同一边寻找新员工，可是现在，经过多年的仇恨与漠不关心，
他已经不再向公司投入精力，对美国的出口业务因此而终止。

光辉的奥运时代过后，福斯特公司只剩一副躯壳，而现在已经
50 多岁的父亲完全没有重新开始的欲望，他既没有能力，也不愿意
想办法拯救祖父乔在世纪之交创立的历史悠久的公司。

他依旧因为我抛弃了他而愤愤不平，他把公司失败的原因归结于

我。杰夫和我的离开也许是催化剂，但当时公司的业绩已经出现了明显下滑。眼看着公司这样衰败，这当然很悲哀，但也是可以预测的结果。祖父投入的一切，公司确立的运动鞋第一制造商的名声，那些真正热爱福斯特品牌的奥运金牌得主，以及公司几乎成为英国足球和橄榄球俱乐部运动鞋的垄断供应商的地位，这一切都在冷漠、憎恶和令人失望的阴云中终结了。

父亲知道他别无选择，只能关门歇业，但幸运的是，在最后一刻，当地议会向他抛出了救生索，发布了强制购买福斯特公司工厂的命令。出售工厂的收益足够父亲在附近买下一间小型体育商店，他在那里经营了好几年。

就在奥林匹克工厂拆除工程开始前，父亲向杰夫提出，他可以拿走任何还能使用的机器。当时我们的生产还在因为伦敦的销售代理意外身亡而停滞不前，所以我们并不需要太多机器，但我们还是认为，与从本地零部件供应商处购买相比，他的大型压底机能为我们节省很多成本。

在 12 月一个雾蒙蒙的周三早上，我被博尔顿街上一辆卡车的喇叭声吵醒。还没睡醒的我打开院子大门，卡车开进院子，车后的庞大机器使得刹车时卡车摩擦地面发出了嘶嘶的声音。

杰夫来到院子里，加入了我们，我们很苦恼，不知道怎么才能把机器从车上卸下来。司机以为我们的工厂里有必要的起重设备。几个月前，我在一次清仓甩卖中买了一套滑轮组升降机，大约一小时后，我们成功地在一根伸出来的结实横梁上装好了升降机。

我们把机器从卡车上卸了下来，盯着院子中间这个巨大而丑陋的钢铁怪物。紧接着，天空毫不意外地下起了大雨。我们需要立刻把它移动到合适的地方，而唯一合适的地方要从一楼车间走上一段不那么稳固的楼梯。最后，在我们两人和机器被大雨彻底淋湿前，我们终于用绳子、撬棍，以及杰夫、年轻的学徒大卫和我的最后一丝力气，把这台机器运到了楼梯顶部。

我们试着用撬棍一寸一寸地在地板上撬动机器，但撬棍头直接扎进了地板，扬起一片灰尘和木屑。最后，我们用临时做成的滚筒把机器挪到了合适的位置。我们三个人站在那里，看着这个漂亮的物件。我们用了半天时间才把机器安装好，但我们知道，与这台压底机能省下的钱相比，我们流下的汗和大声咒骂都不值一提。

因为杰夫和我需要操作这台压底机，所以我们需要找人担任鞋匠工头，负责将鞋面模板放在皮革上，用快刀切割出鞋面的形状。我们在《贝里时报》上刊登的一份广告引来了大量申请，其中一名申请人无论在适配性还是面试表现上都脱颖而出。

诺曼·巴恩斯（Norman Barnes）比杰夫和我都要高，可又瘦得像麻秆一样。他的话很少，但很会听人说话。直觉告诉我，他会是一个可靠且认真的人，我们的第一个全职员工需要具备这两个品质。事实证明，我的直觉是对的。诺曼在他的职业生涯里，始终是我们工厂的骨干员工。

诺曼是个老派人，每天至少提前 20 分钟上班，从来没有因为生病请过假。很快，我们就"提拔"他去操作大型压底机。操作这台机器让诺曼很高兴，尤其是这让他产生了一种超越我们所有人的权力感。每次他启动机器"锤"鞋底时，整层楼的地板都会向下沉一下再反弹，导致杰夫、我、大卫和其他所有当时恰好在工作的人都会被震动一下。但我知道，地板塌陷只是时间问题，一层的车间早晚会塌到最下层。我在心里祈祷，希望在这种情况发生前，我们有钱购买更现代、重量更轻的机器。

在那段时间里，由于生产被外包到远东地区，很多鞋厂都关门倒闭了。几乎每个月我都能收到另一家关门清算的鞋厂发出的拍卖目录。尽管属于买方市场，尽管便宜机器很多，但杰夫和我还是没钱投资新设备。

绝大多数拍卖都是在曾经繁荣一时的工厂里进行的，这些工厂曾经摆满机器，可如今各条生产线之间的空当，就像人们口中缺失的门牙一样显眼。这些工厂就是曾经租借机器使用的地方，后来因为付不起钱，机器被收回。随着债务积累得越来越多，这些工厂大多面临倒闭破产的命运。所幸，因为我们规模小，没钱租借新机器，从而在英国的制鞋业萎缩时，避免了这种致命的债务风险。但是，笨重的压底机砸穿工厂地板的画面让我辗转难眠。有些事，不得不去做了。

在接下来的几个月里，我参加了几次拍卖会，以了解市面上机器的种类及其价格，可无论价格高低，都超出了我们的购买能力。

我掌握了更多锁定真正廉价机器的方法，也意识到这些机器超出了我们的预算，最终，我以远低于市场价的价格买下了一堆原材料。我对自己的表现非常满意，我在租来的福特货车里塞满了买到的牛皮，没留下一点缝隙。

开车回贝里的路上，我一直在微笑，小货车的后轮拱被压得几乎都要碰到轮胎了。即便算上租车的额外成本，便宜的原材料也能让我们忙上好几个月，而每双鞋也能赚到更多的利润。然而，我的笑容没能持续太久。

在距离工厂还有几千米的地方，一个警察朝我挥手，指向了路边的一个地秤。当我开车排队时，他用笔敲了敲车窗，画了一个圆圈。我把车窗摇下来，他探头进来。

"装了很多吗，先生？"

我从后视镜看了一眼车厢里塞得满满的皮革。"只是一点儿皮革。"我冷漠地说。

"开着一辆后轮都快陷进去的小货车，让我觉得你的车厢里可能装了些不该装的东西。排队等着，然后开车上秤。"

不用多说，我的小货车超重了，我被罚了款，这导致原本便宜的原材料变成了高价库存。我那沾沾自喜的自我庆祝也到此为止了。

在接下来的一次拍卖会上，我坐在一个打着领结的安静的小个子男人身边。每次出现新的拍卖品时，他都会像走进冰淇淋店的小孩一样露出笑容。他精致的穿着和稚气的快乐吸引了我。我们聊了起来，他自我介绍，说自己名叫约翰·威利·约翰逊（John Willie Johnson），是附近巴卡普（Bacup）E. 萨顿斯（E. Suttons）鞋厂的老板。

我讲述的称重站的故事引得约翰笑个不停，他慷慨地表示，无论我买什么，他都会让他的员工帮忙配送。他还建议将来我们一起参加拍卖会，以此来节省成本。我主动提出开车接他，可看到我的小货车后，他坚持让我们用他的车。

我在拍卖会上注意到，约翰只会竞拍单个物件，可是在无人出价竞拍"成堆物品"，也就是由不同物件组成的一批货物时，拍卖商总会看他，约翰也会适时地出价竞标。在这些拍卖上，他就像各种零碎物品的吸尘器一样。

"你要怎么处理这些东西？"我在开车回去的路上问他。

他笑着说："我带你去看看。"

我们绕路去了他在旧棉纺厂上修建的四层楼的工厂。约翰带我参观了每一层，称呼名字介绍了每一个工人，确保没有错过任何一个人。

我们走过铺满鹅卵石的院子，走进一个一层建筑。在房间里，长长的架子上摆满了他买来的"货物"。我在这个"阿拉丁洞穴"里漫步，走过一排一排的机器。我掀起箱盖，看向黑乎乎的圆筒，摸着还没有分类的各种零件。随后，在一个真人大小的熊填充玩具和一个真人大小的鳄鱼填充玩具之间，我发现了一台"压砸机"。那正是我们水星公司现在需要的东西。那时除了自行车鞋，我们还生产橄榄球靴，而我们需要用机器压平橄榄球靴上不平整的凸起。

我问他："这东西多少钱？"

"这个不卖。"约翰回答道。

我有点搞不清状况了，"那我能租吗？"

"不行。"

我的脸一下就拉下来了。

约翰用手拍了拍我的肩膀。"你可以拿走，"他笑着说，"用完后再还回来就行了。"

几个月后，约翰说他买了一台现代化的鞋底压制机。我心里非常肯定，他就是为了借给我才买的这台机器。我关于工厂垮塌的噩梦终于可以停止了，我们用这台全新的、更轻的设备换掉了那台又老又重的机器。尽管我们的工厂仍需要大修，可看着借来的成排的机器，我们还是有一种从福斯特公司的古老世界中取得巨大进展的感觉。

我在拍卖会上遇到的这个陌生人，他的慷慨让我大为震惊。如果没有像约翰·威利·约翰逊一样的人的慷慨解囊，没有其他人的乐善好施，尤其是在早期，我的生意绝对不会发展到后来的惊人高度。他们在我最需要帮助和支持的时候起到了关键作用，并且这些帮助和支持通常都是免费的。除了运气和时机，我所遇到的这些人，才是决定我取得普通成就还是巨大成功的重要因素。而约翰，以及读者尚未谋面的德里克·沙克尔顿（Derek Shackleton）与保罗·法尔曼（Paul Fireman），都是我们全球征程中至关重要的参与者。

SHOE MAKER

THE UNTOLD STORY OF THE BRITISH
FAMILY FIRM THAT BECAME A
GLOBAL BRAND

第 9 章

更名改姓

089

那是 1960 年的夏天，"摇摆的 60 年代"在那一年拉开序幕，那是一个文化变革的时代。如果说 20 世纪 50 年代的战后经济发展点燃了人们的希望，那么 20 世纪 60 年代带来的就是图腾崇拜的大潮，世界在那个时代终于好起来了。英国大众似乎都执着于哈罗德·麦克米伦（Harold Macmillan）三年前发表的"大多数人的生活从未如此之好"的演讲。科技革命开始进行，失业率下降，工业产值开始上升。强制兵役制度也结束了，家长们以及刚刚组建的披头士乐队，鼓励青少年走出家门，寻找快乐，享受自由。

我们也在那年夏天成了父母。7 月 3 日，琼开始分娩。我扶着她坐进破旧的小货车，开车直奔贝里总医院，她在那里被人带走，而我被告知回家等电话。在那个年代，这是分娩的标准流程，在孕期的最后时刻，父亲被人看作单纯的妨碍。

第二天早上，办公室电话另一端的声音告诉我，我已经是一个为宝贝女儿骄傲的父亲了。那天是 7 月 4 日，是美国庆祝终结英国统治的独立日。美国人不知道的是，我这个英国商人动了再度"征服"他们国家的念头。

我觉得自己的人生完整了，仿佛自己已经完成了作为一个已婚男人的义务，我现在拥有了完整的家庭，我成功满足了外界对一个父亲的期望。午饭时，杰夫、大卫和我在尼尔森爵士酒吧庆祝了这件喜事，我们没有像往常一样吃三明治、喝茶，而是喝了一大杯啤酒，然后回去继续工作。

医院不允许访客进入，所以我又过了一周才见到自己的女儿。真正见面时，我很紧张，不知道该做什么，尤其是抱着这个小家伙走出医院时，我更是不知所措。我突然被一种责任感包围，那是一种永恒的责任感。

走过停车场时，我放慢了脚步，几乎停了下来。我渐渐明白过来，我是这个孩子的父亲，是她的保护人、抚养人和拯救者。我做好准备了吗？我能做好准备吗？我真的能做好准备吗？在我开车带着琼和孩子回工厂的路上，这些焦虑以及更多想法开始萦绕于我的脑海，我开车的速度出奇的慢。当我瞥到在琼的臂弯中熟睡的女儿时，我意识到，现在的成功不再只是实现自己的目标了，我还要让自己的漂亮女儿拥有一个安全而稳定的未来。

而我的另一个"孩子"水星公司在经历了磕磕绊绊的婴儿期后，也终于接近了一定程度的稳定状态。至少在本地，我们已经成为运动员和零售商信任的运动鞋品牌，更重要的是，我们成为他们想要获得的品牌。尽管还没有挣到大钱，但我们走上了一条舒舒服服的路。随着订单不断涌入，我们已经摆脱了摇摇欲坠的状态，我们感觉自己进入了上升期。

在前一年年底，杰夫也结婚了，他延续了福斯特一家的名字都以字母"J"开头的传统，妻子的名字也是琼（Jean）。就像我和我的琼一样，杰夫和他的琼也没有足够多的钱买房子，于是他们搬进了工厂一层的一个房间，和我们以及我们的宝宝凯（Kay）共用一个卫生间。所幸，我们都能继续生活。可在贝里拥有相同的地址也会带来问题。我们现在有了两个福斯特先生和福斯特太太，两个名字缩写是 J.W. 的人，还有两个琼·福斯特。邮递员在投递晨报时只能随机选择。

当我们四人终于确定了卫生间的使用顺序时，水星公司里的工作也变得越来越顺畅。在注意到销售额和利润健康的上升趋势后，公司的会计强烈建议我们改制为有限责任公司，同时注册品牌名"水星"，以避免未来出现任何法律纠纷。

几天后，在位于曼彻斯特市中心一座高楼里的专利代理事务所威尔逊·冈恩 & 埃利斯（Wilson Gunn & Ellis）的办公室里，我一边听着埃利斯先生细致地解释专利注册的利弊，一边望着阳光明媚的窗外。

"……水星是 Lotus and Delta 公司的注册名，它是英国鞋业公司（British Shoe Corporation）的分公司。"他说。

我转头看着他："你说什么？"

"水星已经被注册了。"他平静地说。

"哦。"

"是的，哦。"他重复道。

"那我该怎么做？"

"你有两个选择。你可以从英国鞋业公司买下这个名称，也可以申诉，对他们的注册提出异议，因为他们没有使用。他们自称 Lotus and Delta，而不是水星。"

我问他："这得花多少钱？"

"不管选哪个，差不多都要 1 000 英镑。"

我感觉自己脸上瞬间没了血色。"1 000 英镑！还有第三个选择吗？"

"改自己的名字。"他轻率地说，好像我们花了两年时间辛苦创造出的属于水星的信誉和名声是可以轻松放弃的东西。他显然很懂专利法，可这个冷漠的文员根本不懂真实世界里的商业如何运作。"选一个临时想出来的名字，其他人想不到的名字，"他继续说道，"就像那个一样。"他指着窗外一座高高的红砖建筑上的一个广告牌。"柯达（Kodak）。没有任何意思，但人们能记住。给我拿来 10 个类似的名字，到时候我们再看哪个能注册。"

我灰心丧气地离开了他的办公室。我们怎么能那么轻易地改名？我们可能会让客户感到困惑，而且很有可能失去客户，我们的分销商也会反对。可我们似乎没有其他选择。我们连 100 英镑都拿不出来，更别说 1 000 英镑了！

回到家后，我没有去工厂，而是直接走到了一层的生活区。我打开一瓶啤酒，环视房间寻找起名的灵感——Electrolux（伊莱克斯）、Hoover（胡佛）……我根本想不到好名字。

一个没有任何含义的东西非常好，但前提是出名。事后反思时，你会觉得任何品牌名称都是天才般的营销选择。可在开始时，我们的名字需要和我们提供的商品存在一些关联。这个名字需要有一定含义，能让人的脑海里浮现出某种画面。例如，胜利、快速奔跑、快速踩脚踏板。唉，为什么这么难？它只是一个名字，一个词而已。想一个词，造出一个词。

　　我挑出脑子里想到的单词的首字母，从 oven（烤炉）中取一个 "o"，从 settee（长椅）中取一个 "s"，从 bottle（瓶子）中取一个 "b"，从 armchair（扶手椅）中取一个 "a"，Osba、Sabo、Osab、Baso，不行，太垃圾了。柯达是怎么造出那个名字的？接着我又想到，也许我们可以用 Joe 和 Jeff 两个名字的同字母异序词，可除了 Joff 和 Jeffo，我也想不到其他名字。这肯定不行。

　　我坐在扶手椅上，从放着几本书的小书架上拿起了我能摸到的第一本书。我笑了起来。这是一本美国出版的《韦氏新学校和办公词典》(*Webster's New School and Office Dictionary*)，是我 7 岁时假装开心地在年度体育竞赛上获得的奖励。我拂起书页，随机停下，打开其中一页。我用食指挨个指向每个词……clum（安静），clumber spaniel（黄毛猎犬），clump（丛）……绝对不行！我翻开了另一页……mamushi（日本蝮蛇）……我反复读这个词，又看了看词意。这个词倒是挺好的，但人们会认为那是个日本品牌。我的手指继续向下滑动……mamzer（私生子），man（男人）。我喝了一大口啤酒，继续翻到另一页……redwood（红木），redye（重染），ree（筛）。

　　我的手指停在了下一个单词上。这个词的含义和运动鞋之间存在微弱的关联——一种浅色羚羊：非洲短角羚（reebok）。嗯，Reebok。这个词简短又朗朗上口，很容易发音。Reebok，这个名字给人一种轻质但又快速、灵活的感觉。Reebok，Reebok，Reebok。我喜欢这个名字。我把这个名字写了下来，现在还需要再想 9 个名字……我继续翻词典，写下了 9 个和动物有关的名字——Cheetah（猎豹）、Falcon（隼）、Cougar（美洲狮）之类的，然后给曼彻斯特的埃利斯先生写了封信。

时间刚刚过去一周，我就收到了回复。我的提议里只有一个名字还没被注册，那就是 Reebok（锐步）。但是——埃利斯先生嘴里似乎总会冒出个"但是"——这个名字可能面临两个潜在的纠纷。一家女性内衣生产商把"Rebow"注册为品牌名，而"Raelbrook"则是大型男式衬衫生产商图蒂尔斯（Tootils）的商标。

该死！我已经习惯用 Reebok 这个名字了。这个名字代表了我们所需的一切，尽管我提出了另外 9 个名字，但我在心里已经锁定了 Reebok 这个叫法。我不知道需要花多少钱才能在法庭上解决这个争议。

让人开心的是，我不需要临时付出更多资金。几周后，当我重返专利事务所时，埃利斯先生表示，他不认为 Rebow 会反对我们的注册，而且方便的是，他的事务所也代理图蒂尔斯的业务。他会将自己的专业意见告知对方，表示 Raelbrook 和 Reebok 两个名称之间不存在冲突。Reebok 这个名字是我们的了。顺便一提，如果我小时候赢下的那本词典是英国出版的话，我们的公司名拼写就会变成"Rhebok"。

当然，埃利斯先生又提出了一个"但是"。

"注册只在英国有效。如果计划未来在其他国家做生意，你就需要在海外保护自己的商标。"

"很好，就这么干吧。"

埃利斯先生停顿了一下。"好，但这笔费用非常高。"

"非常高？"

"非常贵。但比可能发生的虚假注册的诉讼费低。如果你变得非常成功的话。"我注意到他把重音放在了"如果"二字上——"如果你的商标在海外没有受到保护，你就会面临诉讼。"

　　我思考了一会儿。当时我们在海外没有业务，可我希望在拥有足够资源后立刻开拓海外市场。如果不向海外供应运动鞋，那我们也没比福斯特公司好到哪去。

　　"好。我需要在欧洲、美国和日本注册。"我表示。这不只是简单地表述注册商标的需求，而是意欲进入全球市场的一次公开表态。我已经把话说了出来。正如字面意思一样，我的表态相当大胆，可更具戏剧性的消息即将出现。

SHOE MAKER

THE UNTOLD STORY OF THE BRITISH
FAMILY FIRM THAT BECAME A
GLOBAL BRAND

第 10 章

一个挑战

▼

虽然我已经十分清楚自己的野心有多大，但天真的我并没有意识到，实现这个野心需要付出多大的成本。外国的品牌注册费用堪称天文数字，至少暂时对我这个资金刚刚足以覆盖成本、保持机器运转、不被"心脏骤停"先生烦恼的鞋匠来说，这笔钱是天文数字。

如此一来，威尔逊·冈恩 & 埃利斯事务所就成了我们公司最大的一笔未偿债务的所有人，他们很快就在一系列要求付款的信件中指出了这个问题。我提出用远期支票偿还债务，我以为这件事就这么了结了。事实并非如此，可对方并没有立刻做出回应，这意味着这件事很快就会因为我要考虑的事情太多而被我抛到脑后。

生活非常美好。我和杰夫已经在行业中站稳脚跟，作为一个团队运转良好。杰夫负责"裁剪"，也就是从皮革上切割鞋面；乔伊斯把鞋面缝在一起；而我负责把鞋套在铁脚上，准备好鞋底，先用橡胶胶水、再用机器缝合，把鞋底和鞋面连在一起。我们的学徒大卫是跑腿，哪里需要就去哪里帮忙，两个琼负责接电话和处理文件工作。这给人一种真正的家族企业的感觉，我觉得父亲和比尔在福斯特品牌创建初期为祖父乔工作时应该也是这种感觉。

我们的自行车鞋和跑鞋的订单数量稳步增加，我们很容易就会满足于这种相对没有压力的状态，就像父亲和比尔一样。公司提供了足够的收入，可以维持我们当前简单的生活方式。我觉得对杰夫来说，这是一个有诱惑力的选项，他没那么有野心，也没那么有动力。但我想看看，我们究竟能走多远。我知道自己有责任供养家人，但我不想只拿一份工资，不只想要一个舒适的生活，不愿走上一条轻松的道路。我想获得挑战，我不仅希望和本地的公司竞争，更希望和世界品牌竞争。我想证明自己能赢。

距离那一刻，我们显然还有很长的路要走，但我们感觉自己走在了正确的道路上。我经常激动地跟琼说起这些，一方面是为了让她陪在我身边，另一方面在于我觉得自己说得越多，这个目标就越有可能实现。从每天睡醒开始，我就集中精力思考如何比前一天卖掉更多的鞋。早餐在我的大脑里就是一场董事会议。

琼把一小盘煎蛋和培根放在我的膝盖上，又把一杯茶放在沙发边的咖啡桌上一个卷起来的奶油色亚麻餐巾旁边。这是我们早餐的仪式，实际上我们吃每顿饭时都这样。尽管琼反复提醒，但我仍然没有买二手餐桌，我最近（而且很有道理）的借口是婴儿车旁边没有地方，这么一个小小的人居然需要各种超大的床和其他设备。琼坐在我旁边，用冒着热气的咖啡杯暖手。

"你看起来很高兴。"

我笑了。"没什么可抱怨的。"一缕柔和的晨光照在厨房的地板上，照亮了二手烤箱和冰箱，照得它们好像游戏节目里的奖品一样。这些东西不值多少钱，但也是我们的财产，就像我们在这个老工厂里拥有的小小公寓一样。这里不是宫殿，但属于我们，这里是成功的孵化器。尽管我知道锐步注定会打进海外市场，但我那时还不知道怎么做。比尔获得耶鲁大学的订单实属侥幸，我根本不知道怎样才能重复他的做法。我还想象不出具体的成功，脑海中无法绘制出那幅画面。我只知道这一切就在路上，我能感受到期待感和兴奋感正在慢慢积累。

我听到信箱被打开的声音，紧接着是信封噗噗地掉在前厅地板上的声音。琼拿起信件，坐下后把这堆信递给我。我把盘子放在沙发的扶手上，用餐巾擦了擦嘴后拆开了几封信。那些都是常见的票据和账单，还有几封消费者手写的反馈或投诉信件。我把这些信递回给琼。拆到第五封信时，我停住了，重新读了一遍，接着又读了一遍。我脸上的血色慢慢消失了，整个房间好像都失去了色彩。我能看到的就是白色背景上的黑字，最显眼的几个字是"清算申请"。威尔逊·冈恩 & 埃利斯事务所想用这种方式关闭我们的公司，我们的锐步体育有限公司。

"怎么了，亲爱的？"琼能看到我眼中的惊恐。

我连话都说不出来。那是一个不知名的秘书打出来的文字，她完全不知道这些墨迹对某个人的早上、对某个人的未来会产生怎样的毁灭性打击。

琼把手搭在我的手臂上问："坏消息吗？"

想到她的梦想和希望完全维系在我身上后，我不想让她担心。我知道如果她开始担心，她就会让我担心，从而导致恶性循环。她会唤醒房间中的"大象"，挑明之前避而不谈的事实——尽管生意正在缓慢增长，但我在这个过程中只是在画大饼。早晚有一天，我的谎言会因为某些事而曝光，导致一切毁灭。而现在，这封白纸黑字的信就这样在一个周四的早上平平淡淡地出现在我的眼前。

站起身时，我觉得头晕恶心。

琼的眼睛出现在我眼前。"你没吃完鸡蛋。"

我避免跟她的眼神接触。

"怎么了？"她也站起来了。

"没什么，我会解决的。"我从门口抓起外套，跑向对面会计的办公室。

时间刚到早上八点半，办公室的门还锁着。我不能回工厂，也不能回到琼身边。我的面部表情会透露出事件的严重性。相反，我去了街角的一家咖啡店，点了一杯咖啡，翻来覆去地读那封信。终于，透过满是水蒸气的窗户，我看到一个光点走进了会计办公室。

我敲了半天门，会计彼得（Peter）才过来开门。他是一个性格安静的人，在门边张望时，他的眼睛有一种卡通漫画的感觉，又厚又圆的眼镜更加突出了他吃惊的表情。

"这真是我想的那样吗？"我把信扔给他。

他读了一遍信。"天啊！"他抬头看着我，"情况不妙。"他把门完全打开让我进来，指着办公桌前的一张椅子让我坐下。

我重重地坐了下去。"我知道情况不妙，彼得。我不需要你跟我说这个，我想让你告诉我怎么阻止。"说完这话我就后悔了，我不该用讽刺的口气。彼得是个好人，很害羞，但总能帮到我。

"你需要指定其他人代理你，一个律师。如果不争辩，那你很快就完了。他们会关闭锐步，卖掉你的所有资产去偿还债务。"

我更颓废地陷在椅子里。除了品牌注册债务外，我现在最不需要的就是再掏一笔律师费。实际上这话也不完全对，我最不需要的是工厂关门。"你推荐谁？谁能便宜点？"

"你不需要便宜的人，你需要的是曼彻斯特的德里克·沃勒（Derek Waller），"彼得回答，"他算是比较贵的律师，但他绝对是你需要的人。他刚在一个很难的案子里跟我们作对，结果打成平手。不知道他怎么做到的，但他肯定懂行。"

我试着不去想接下来的法律纠纷和费用，只是处理当天的工作。但首先，我得去预约见见这个将要拯救我们公司的人。

我不确定红木办公桌另一边那个胖胖的人是不是睡着了。他的眼睛半闭着，双下巴的赘肉拽着整张脸向下。他的嘴保持着噘嘴的姿势，仿佛一个吸着又苦又甜的东西的人被冻住了一样。

我看着他身后整面墙壁的书架上摆着的一排排皮面法律期刊，然后又斜眼看了一下我右边墙上被装裱起来的文件。那些都是知识产权律师德里克·沃勒的执照、学位证和奖状。

"好了。"活过来的德里克突然说道。

我重新看向他的脸。"你还醒着啊！"在我向他解释完自己的困境后，他整整沉默了三分钟才说话。

"我在思考，福斯特先生，我在思考。有很多需要考虑的因素。"

我问他："我们能赢吗？"

"我可以肯定，我们能得到满意的结果。"

"例如什么？"

可他再次陷入沉默，在沉默中思考答案。他是个奇怪的人，我很难理解他这种人，但我猜这可能是他获胜策略的一部分，他就像一个非正统的象棋选手，不可预测，却仍能比对手多算六步。我站起来，等着德里克起身，但他并没有站起来，于是我悄悄离开了他的办公室。只有时间才能确定他究竟能为锐步做出多少贡献。

SHOE MAKER

THE UNTOLD STORY OF THE BRITISH FAMILY FIRM THAT BECAME A GLOBAL BRAND

第 11 章

创造需求

$\underset{\text{杰}}{\bigwedge}$　夫和我创建水星品牌时，我们知道自己必须与众不同。我们也确实如此。除了足球鞋厂商外，那时很少有英国公司专门生产运动鞋。那是一个静待垄断经营的市场。我们要做的就是进入更多的商店，拓展影响范围。

一些自由职业销售代理找到我们，愿意协助我们将产品打入体育用品商店。其中一人是道格·布莱克（Doug Black），他为我们敲开了曼彻斯特教堂街上由鲍勃·布里格姆（Bob Brigham）及埃利斯·布里格姆（Ellis Brigham）兄弟所有的一家露营、登山和滑雪用品店的大门。锐步生产运动鞋，布里格姆是户外运动产品的零售商，而不是体育用品商店。然而，当鲍勃·布里格姆意识到我们的工厂就在贝里时，他问道格·布莱克锐步是否有兴趣为他生产定制的登山鞋。他想储备一些轻质、能够抓住岩石表面的鞋，用来与一家法国公司生产的类型相似但价格更高的登山鞋竞争。那时，英国只有一家公司生产登山鞋，就是霍金斯（Hawkins）。就在道格向他提起我们是本地的一家公司前，鲍勃已经准备打电话咨询霍金斯公司了，而鲍勃对于支持本地公司非常热心。

从这个需求中诞生了 FEB 攀岩靴。这款鞋的设计和质量，以及我们的生产速度，都让鲍勃意外惊喜。这是我们有益且友好的漫长关系的开端。这件事再次证明，在正确的时间出现在正确的地方是取得商业成功的主要原因——即便你不知道什么是正确的时间，或者不知道在正确的时间里该去哪里。这件事用"运气好"来形容更恰当。

我们的销售代理在 20 世纪 60 年代初接触的很多商业街上的体育用品商店的老板都是退役的足球运动员。那时足球运动员的最高周薪被限制在 20 英镑，当他们在三四十岁退役时，他们的积蓄通常很少，需要再找一份谋生的工作。其中一些聪明的人意识到，尽管在足球场上的天赋已经耗尽，但他们仍然可以用自己的名义开店，出售从足球鞋到斯诺克球杆粉的任何东西，凭借相对较高的名气获益。

在这个趋势的最高峰时期，几乎每个城镇都有三到四家这样的体育用品商店，我们需要锐步进入这些商店。为了实现这个目标，我们需要扩大销售团队。可就在我们需要加强销售力量的时候，我们失去了两个自由职业销售代理。一个是在布莱克浦（Blackpool）的外国运动员，他为了参加更多跑步比赛搬去了伦敦，另一个干脆换到另一边，在南港（Southport）自己开了一家体育用品商店。

我估计，我们需要四到五名销售代理才能覆盖全国。我们绝对付不起他们的工资，加上我们在英国西北部以外的地区仍然没什么名气，所以我们很难说服优秀的销售人员只拿佣金为我们工作。

解决这个问题只有一个办法，我在福斯特公司工作期间一直试图说服父亲让我这么做。我需要亲自走上街头，自己尽可能多地前往全国各地，由杰夫负责工厂里的生产。

为了覆盖在英国各地的旅行费用，而且考虑到我现在多了一个孩子要养，我决定采用最保险的做法，那就是同时成为另外两家公司只拿佣金的销售代理。至少用这个方法，我可以挣到三份收入。另外两家公司分别是伦敦一家专门做飞镖、扑克牌和多米诺骨牌的菲尔兄弟（Fairbrother），和一家女子网球裙设计与生产厂路易斯·霍夫曼（Louis Hoffman）。

这个新角色意味着我一周有三四天的时间身在外地拜访各家体育用品商店，剩余两三天的时间在锐步的办公室里工作。离开琼和凯这么长时间当然让我很难过，但我相信自己的努力最终能让我们所有人获益。

外出工作让我了解到体育用品商店盈利能力的宝贵信息。在我等待商店老板服务完顾客以便与之交谈前，我可以在货架、服装架和运动设备之间溜达，记录他们的库存情况。差不多每家商店都有一个几乎占据垄断地位的运动项目——那就是足球，其他体育运动的装备只是象征性地摆在旁边。很明显，这些体育用品商店依靠足球、足球队服、足球鞋和护腿获得营收，其他商品只起到辅助作用。虽然锐步已经拥有了相对成功的橄榄球鞋产品线，但我们对足球的关注明显不足。

我想到了福斯特公司，他们也错过了一个好机会。他们寻求增长的方法是对的，但选择了一个错误的运动项目。博尔顿漫游者队是20世纪20年代顶尖的球队，而福斯特公司向不同联赛的几乎所有球队供应运动鞋，但却没有为他们提供比赛用鞋。福斯特公司原本可以相对轻松地在运动鞋的成功之上再进一步，向联赛所有球队供应不同种类的足球鞋，但我们一家始终没有抓住这个优势。我不知道为什么会这样，这看起来就是错过了一个巨大的机会，原因也许是需要进行大笔投资购买新机器。

那个时代的大部分足球鞋都有着厚厚的皮制鞋面和笨重的鞋底。这些足球鞋在趾关节后有一条支撑性绑带，还配有鞋头。足球鞋的保护性能是关键，而保护性能通过高密度、高强度材料和设计获得。我祖父和父亲拥有的机器，无法制作出适合 20 世纪初期和中期泥泞的球场的那种笨重的运动鞋。福斯特公司的机器是为了满足跑鞋的轻便和灵活性而设计的。

直到阿迪达斯在 1954 年世界杯上为阿根廷专门设计的足球鞋面世后，人们对足球鞋性能的关注重点才从纯粹的保护性转变为通过减轻重量、提高柔韧性的方式提高运动员的速度和灵活性。可在那时，其他公司早已取得了巨大领先，福斯特公司已经错过了机会。

我心想，如果他们在正确的时间投资了正确的机器，用上他们已经和顶级足球队搭建好的供应线，我就不需要站在体育用品商店里，面对着一排排的阿迪达斯、彪马、布克塔（Bukta）、迈特（Mitre）、邓禄普（Dunlop）和茵宝（Umbro）足球鞋，费尽心思向兴趣寥寥的前足球运动员推销锐步的橄榄球鞋、跑鞋和自行车鞋了。

我们唯一的足球产品就是运动鞋，而且就连这种鞋也偏向于跑鞋。拜访的体育用品商店越多，我所听到的"有阿迪达斯和邓禄普运动鞋，我们为什么还要锐步"的说法也越多。我唯一能推销出去的东西是飞镖尾翼，可这点钱完全不够覆盖我的旅行开支，更别提为公司扩张提供资金了。

这当然让人泄气。可最糟糕的是，我同意他们的观点。当已经成名的足球品牌为店主带来 90% 的收益时，他们何必去赌博，把宝贵的店面交给不知名的品牌呢？这是我们错过的一个市场，也是一个被垄断经营的市场。考虑打入这个市场甚至也变得没有意义了。

我需要忘记主流市场，重新去关注我们的优势和知名度最高的产品，也就是运动鞋。我记得自己在又一次听到"不用了，谢谢"后关上了唐克斯特（Doncaster）一家体育用品商店的玻璃门，走进秋日的阳光下，我自己炒了自己的鱿鱼，不再担任菲尔兄弟、路易斯·霍夫曼和锐步的销售代理。是时候重回工厂、重整旗鼓了。

我得想办法最大限度地提高我们在跑步和运动鞋这个细分市场里的存在感，不再试图打进主要依靠足球的大众体育用品商店。可我该怎么做呢？我们已经进入了一小部分商店，其中包括 Sweatshop，这是克里斯·布拉舍（Chris Brasher）开设的专门出售跑鞋的商店，而布拉舍是罗杰·贝尼斯特用 4 分钟跑完 1 英里（约 1 609 米）挑战的领跑员之一。我们需要进入更多店铺，为此我们需要创造需求，但却不是在商店老板那里创造需求。我们需要后退一步，首先在全国的跑者和运动员那里创造出广泛的需求。

我们没有进行全球市场营销的预算。我们没有拨出任何预算用于营销活动，所以不管我想出什么办法，这个办法只能花费少量，甚至不花费成本。这是一种挑战，但我把找到办法定为自己的第一要务。

和做其他生意一样，我的优先事务的顺序几乎立刻就发生了变化。杰夫提醒我，我们还要应对商标申诉的案子。我没忘记这件事。我怎么可能忘呢？我一直在想这件事，甚至去外地出差时也在想，但我决定不浪费时间空等结果，我也等不起。我只能假设我们赢得官司，能像往常一样正常经营。但我忘了日期，而日期就在明天。如果进展不顺利，我给自己设定的寻找完美且免费的市场营销策略的目标就会变得毫无必要。我们会直接关门歇业。

第二天下午，我坐在自己的办公桌后，紧张得前后晃动身体。琼站在我身边，抱着凯轻轻摇晃。杰夫面对着我，坐在办公桌的另一边。我不知道到底是刺眼的光线还是即将到来的法庭判决的重压，导致他脸上没有一丝血色。他的琼靠在黑色的文件柜上，一脸不忿地抱着双臂。

"听着，会没事的。"我站起来，镇定地用手扶着琼的手臂。她给了我一个微笑，并没有被说服。

"我们有一个好律师，"我继续说道，尽全力表达出乐观情绪，"我很有信心。"其他人没说话。我重新坐回去，每个人继续盯着电话。

等待法庭审判的四周时间，给我们的身体和心理都造成了巨大影响。我反复想象自己告诉琼"我们完蛋了"的场景，次数多到我分不清这究竟是我的想象还是真实的记忆。我的体重也在减少，少了大概10磅（约4.5千克），一想到食物我就觉得恶心。担任销售代理在外出差时，我会一整天不吃饭，大脑中无法摆脱的恐惧感压过了任何获取营养的原始需求。

突然，电话发出的刺耳声音吓到了我们所有人。"你好？"打来电话的是德里克·沃勒。我朝杰夫点了点头。他和琼前倾身体，迫切想听到好消息。德里克有话要说。三双眼睛盯着我，在我紧握听筒贴在耳边并屏住呼吸时，他们想从我的脸上找出一丝显露结果的表情。一分钟后，我打断了德里克。"所以说，结果是什么？"他又开始说话。我看向屋顶，重重地出了一口气。我用手捂着话筒，"他们的申请被驳回了。"杰夫跳起来挥舞双拳，仿佛刚刚赢下环法自行车赛一样。两个琼也拥抱在一起。我们再次安全了。

尽管德里克成功让对方的申请被驳回，但我们还是要支付应付的那笔钱。他与威尔逊·冈恩 & 埃利斯事务所协商出一个方案，虽说这个方案不会让我们破产，但也会给我们的财务带来更多挑战。我们还要不断支出成本，还有更多迫切需要购买的原材料和设备，更别提杰夫和我的妻子都在向我施压，让我寻找更舒适的居住环境，而不是挤在一个破旧工厂的两个小公寓里，共用一个卫生间。但我们获得了喘息的机会，至少现在还能继续经营，只不过要面临更多支出，其中包括一笔不算少的律师费。不过德里克了解我们的财务状况，所以差不多六个月后他才寄来账单。那是一种宽宏大量的姿态，为我们未来多年的商业合作奠定了基础。

大部分人也许会提议下馆子或者去郊外野餐，以庆祝打赢官司并清理思绪，而我给琼的建议却是参加三塔比赛（Three Towers），这是我们公司赞助的一项本地越野跑步赛事。我敢肯定，她对此肯定充满"向往"。

在那个潮湿又下着细雨的比赛日，我们看着俱乐部的跑者们跑向霍尔科姆山（Holcombe Hill），接着跑向霍尔科姆塔（Holcombe Tower），随后穿过沼泽地抵达达温塔（Darwen Tower），穿过温特山（Winter Hill）后到达雷文顿山（Rivington Pike），最后抵达山下泥泞坡地的终点。我们很难分辨领先者是谁，当他们费力穿过沼泽、溪流和沟壑时，他们明亮的俱乐部配色服装因沾满泥巴而难以辨认。

和那时的所有社交活动一样，我并非 100% 有兴趣，也无法全身心去关注。我几乎不能彻底关闭大脑里的那个开关，无法阻止大脑里的神经元四处出击，试图认识更多新人，为生意未来的发展设计出一条道路。

那一天也不例外。我适时地鼓掌，尽量让琼开心，但我脑子一直在想，怎样才能让更多的人在全国范围内推销锐步，怎样找到充满热情但薪水要求又不会超过我们负担范围的销售代理。

就在那时，一个灵感出现了。答案就在我眼前。每一个浑身沾满泥土的跑者，都是一个潜在的销售代理。他们都是外行，所以有机会靠自身的兴趣爱好多赚点钱，他们想必会很高兴。而且只要有足够的激励，每一个人都有可能招募更多的运动员担任销售代理。实际上我心想，为什么仅限于跑者呢？为什么不把和跑步及跑步俱乐部有关的人都拉进来呢？

我开始和业余体育协会（Amateur Athletic Association）旗下总计500多家运动俱乐部的秘书联系，向他们或俱乐部的成员提议，让他们成为只拿佣金的锐步销售代理。他们可以从自己带来的销售额中分走 15% 作为佣金，锐步负责邮费和打包。结果让人大为震惊。只用了几个月，我的销售代理的人数就超过了 50 人，而且这个数字每周都在增长。

随后，我重新调整目标，针对那些第一次没有回复我的俱乐部，我告诉那些秘书，如果他们能帮我在俱乐部里找到一个销售代理，我就免费送一双锐步跑鞋给他。销售代理的人数因此再次增长，很快，将近 100 名销售代理开始向俱乐部其他成员，以及在全国跑步比赛中向其他人推销锐步的产品。

很多人将这个策略与我祖父在 19 世纪 80 年代采用的策略进行对比，那时他穿着自己制作的福斯特钉鞋赢得各种比赛的胜利，从而吸引了队友和对手的关注，而我不过是在这个策略上更进一步罢了。

这看起来极其简单，我不知道为什么其他运动鞋品牌没有想到这个方法。

SHOE MAKER

THE UNTOLD STORY OF THE BRITISH
FAMILY FIRM THAT BECAME A
GLOBAL BRAND

第 12 章

是时候搬家了

▼

英国的文化认同在 1963 年发生了重大变化，我们的生活也在那一年变得更好。那一年因为很多事件而被人铭记，尤其是工党领袖休·盖茨克尔（Hugh Gaitskell）的死亡，那就像钉在旧时代守卫者棺材上的最后一根钉子，也是新时代秩序的奠基。在这个时代性的放纵主义革命中，人们被鼓励去追逐各种各样的梦想。当温暖的春风融化了"大冻结"时代的冰雪时，一个全新的英国和锐步出现了。

我们的业务在增长，同样在增长的还有福斯特家族。杰夫和琼迎来了他们的第一个孩子伊恩（Ian），可他们成为父母的经历并非一帆风顺。伊恩的皮肤上经常出现紫色斑点，后来的检查显示，他得了紫癜，这是一种罕见的血液病。这件事显然让人忧虑，可即便杰夫担心，他也很少在工作中显露出来。

新生命的到来意味着我们两个家庭该去寻找更好的居住环境了。现实的情况是，我们六个人挤在一间破旧的工厂里，分享着一个拥有两张床和一个卫生间的小公寓。这肯定不符合我们两对家长对第一个孩子人生开始时生活状态的设想。我们都搬出了工厂，搬回博尔顿，在哈伍德买下了自己的小家。

但我们还没达到可以花钱买豪车的地步。杰夫买了一辆旧的二手捷豹（Jaguar），而我做了一件让琼相当惊愕的事，我又花钱买了一辆旧的厢式货车，这一次用掉了 25 英镑的巨款。这很难称得上升级，但我那时考虑更多的还是实用性，而不是奢华性。

搬到更适合居住的环境后，我们也是时候考虑搬迁工厂了。我们的增长已经超出了博尔顿街基地的承受能力，而那一年的严冬则是压垮骆驼的最后一根稻草。在那么寒冷的天气中，我们根本没法给工厂供暖。手指麻木僵硬，显然不是操作极为锋利而且潜在危险性很大的机器的理想状态。我们也需要更多的设备，而工厂的一层装下现有的机器已经很吃力了。

我想继续留在贝里周边，让自己足够接近制鞋产业的心脏地带，以便从便利的供应链中获益，但我又想保持足够远的距离，以免被卷入周边的恶性竞争中。我从没想过搬到其他地方，直到我突然收到一个会议邀请。

几个月前，我试图重启比尔与美国的弗兰克·瑞安和鲍勃·吉恩杰克签订的出口合同。我重新制作了手工缝制的 DeLuxe 运动鞋，并且把鞋寄到了耶鲁大学。那算不上很成功的复制品，但我觉得值得一试，我认为这样做有可能重新打开美国的销路。我并不认为我能收到什么回复，所以几个月后，当我收到寄送锐步全系列产品的请求后，我颇感惊讶。

在此基础上，弗兰克邀请我和琼去爱尔兰拜访他。他在都柏林（Dublin）以南的邓莱里（Dún Laoghaire）租下了一个巨大的庄园用于避暑。

　　弗兰克开着一辆相当浮夸的凯迪拉克来机场接我们，那辆车看起来和爱尔兰乡下小路格格不入。在都柏林的一家餐馆外，他用典型的纽约风格停车，不断碰撞其他车，直到有足够的空间停下他那辆闪闪发光的"怪物"。当他为我们打开车门时，由于车门太宽使得人行通道被完全堵住，导致行人被堵在了路上。这吸引了路对面更多人的好奇心，他们悄悄走过来，想知道其他人究竟在看谁。很快，人群挤到车道上，造成了全方位的交通阻塞。当琼、弗兰克和我费力走进餐馆时，有人给我手里塞了一支笔和一张纸让我签名。他们根本不知道我们是谁，都以为我们是好莱坞明星。

　　吃完午饭后，我们开车行驶在宽度刚好容得下凯迪拉克的乡间小路上，迎面若有车来，根本没地方可走。幸好我们没遇到其他汽车，最终，我们的车停在了弗兰克租来的度假庄园大门口，他在这里下车，指导我开着这个"钢铁巨兽"行驶了大约 800 米。

　　第二天，在我不知情的情况下，弗兰克安排我和都柏林的政府官员见了面。在这次会面中，我意外地得到了将工厂搬迁到爱尔兰的邀请，同时还得到了一揽子全面的财务激励和援助。我拒绝了，弗兰克随后也拒绝了我的鞋，或者更确切地说是我再也没有收到他的消息，这相当于被他拒绝。不管怎么说，那仍是一次难忘的旅行，我们还去参观了埋有历史遗物的塔拉遗迹。

　　回到英国后，我联系了在拍卖会上认识的老朋友约翰·威利·约翰逊，看他是否了解有关工厂出售的消息。他听说贝里毛毡有限公司（Bury Felt Ltd.）的一个工厂在出售。当时，由于制作地毯时越来越多地使用橡胶衬垫，所以制毡行业正在萎缩。这家公司在缩小规模后，关闭了位于贝里布莱特街上的一个工厂。

这个工厂让我感兴趣的原因之一就是它的位置。它被排屋和其他工厂包围，毗邻住宅区，周边全是步行就能抵达工作地的成熟工人。其中一些人因为有在附近的帕克鞋厂（Parker Shoe Company）打工的经历，已经拥有了制鞋经验。在我们需要提高产量的时候，生活在这个厂区里的很多人想必也乐意多赚一些钱。

这个工厂本身很大，对锐步来说过大了，但对方只向我们出租一楼，而且租金非常合理。开放式车间提供了足够多的空间，可以容纳我们的生产流程所需的三台新的压底机、鞋帮机和一套传送系统生产线。这个工厂近乎完美。在两个月的时间里，我们建了一间可以俯瞰车间的小型上升式办公室，更重要的是，我们安装了燃气供暖系统。

除了帮我们搬迁工厂，约翰·威利·约翰逊也在留意更多能够帮助我们提高生产效率的机器。尽管不是新机器，但如今我们拥有了几乎全部必需的设备。幸运的是，布莱特街工厂里的一个房间被一家小型机械商店占据。我们老旧的生产线出现的任何问题都能立刻得到解决，这不仅降低了维护成本，也让机器的停工时间保持在最小限度。

在接下来的几年里，我们的销量开始稳步上升。锐步的增长水平只是适度，但我们不得不让员工人数翻倍，从 10 人增加到 20 人，以满足田径、户外越野、路跑以及橄榄球鞋的生产需求。

在商业问题上，我们没什么可抱怨的。可在个人问题上，我哥哥和他妻子开始越来越担心他们的儿子。伊恩的紫癜病情没有减轻，医生担心，随着他开始走路，他容易受伤和出血的倾向会逐渐成为一个棘手的难题。医生的建议是摘除伊恩的脾脏。1965 年 2 月，琼和杰夫的孩子入院治疗，可他再也没能走出医院。

不幸的是，伊恩死于手术中的并发症。琼和杰夫极度悲伤，完全无法在手术后辨认孩子的遗体。于是我自告奋勇，替他们出面。

　　我可以肯定，那是我迄今为止的人生最低谷。我盯着博尔顿皇家医院里一扇紧闭的大门，故作坚强推门进入。这扇门没什么特别的，亮着荧光灯的走廊里到处都是这样毫无光泽的油漆表面。其他门后摆放着储物柜，里面存放着日常使用的清洁用品，有些隐蔽的架子上还摆放着医疗用品。可我知道，只要把手放在冰冷的钢制把手上，推开这块平平无奇的长方形木板，我将看到给我余生都会造成心理伤害的景象。我深吸一口气，开门走了进去。

　　那个房间很小，光线昏暗得什么都看不清楚，但又足够明亮，使人不用太过靠近用于辨认遗体的床。伊恩下巴以下盖着一条棉布单，他金色的头发被仔细梳过。除了脸颊和前额上硬币大小的紫色斑块外，脸上其他地方白得可怕。我的心脏猛地一沉，全身上下都沉浸在为琼和杰夫而悲伤的感情中。我心想，你们如何面对失去一个孩子？如何才能重新找到幸福？

　　因为合理的原因，准确地说是因为两个原因，1966 年是值得纪念的一年。当如今已经去世的马丁·彼得斯（Martin Peters）等人在温布利球场进行的世界杯决赛中代表英格兰 4 比 2 战胜当时的西德时，他们给我们所有人带来了无上的荣耀感。在凯出生五年半后，琼和我迎来了第二个孩子，一个儿子，我们给他起名叫大卫（David）。体育迷在这两种情况下可能都会喊出"进球入网"这句话，可大卫出生后，我却有种百味杂陈的感觉。我们的家庭完整了。我们现在有一个女孩和一个男孩，这是完整的家庭组合。可另一方面，当我哥哥和他妻子还在为 12 个月前独子的离世而伤心时，大肆庆祝自己的好运并不合适。不过，当戴安娜·福斯特（Diane Foster）在 1968 年出生后，他们重拾了做父母的快乐。第二年，他们又迎来了一个孩子罗伯特（Robert）。从表面上看，他们似乎是世界上最幸福的父母，可我知道，他们内心深处仍然备受煎熬。

到了 20 世纪 60 年代中后期，路跑在美国迅速发展。我们得想办法加入这一全新的革命浪潮。地方俱乐部的跑者有机会在这种活动中与世界上最优秀的跑步运动员同场竞技。这种比赛的长度一般有 5 千米（3.1 英里）、10 千米（6.2 英里）、21 千米（13.1 英里）的半程马拉松和 42 千米（26.2 英里）的全程马拉松。我苦思冥想，我们如何才能把握住这一流行趋势呢？

当时，在波士顿（Boston）、福冈（Fukuoka）和科希策（Kosice）这些大城市举办的马拉松赛大多为邀请制，这迫使热爱路跑的人要么未经注册便参加比赛，要么以欺诈手段参赛，或者只能站在路边看别人比赛。1967 年的波士顿马拉松因为种种原因成为热门新闻，一名警察在比赛中试图强迫一名女性跑者退出比赛。尽管女性未经注册或者不穿正式号码布也能在比赛路线上跑步，但凯瑟琳·斯威策（Kathrine Switzer）只提交了名字缩写和姓氏，并选择正式参赛。事后的媒体报道引起了公众关注，男女双方都对此事颇有兴趣，而这件事也推动了路跑的快速发展。

路跑的高人气也引起了锐步的英国竞争对手的关注。虎牌 ① 跑鞋从日本的鬼冢公司（Onitsuka）进口后，被直接出售给运动员。美国进口虎牌跑鞋的幕后推手是菲尔·奈特（Phil Knight），他更有名的身份是耐克的创始人；但将虎牌跑鞋引入英国的，却是长跑运动员斯

---

① 后来成为跑鞋运动品牌亚瑟士（Asics）。

坦·埃尔登（Stan Elden）。我在 Sweatshop 的朋友克里斯·布拉舍也做起了运动鞋进口生意，他先是进口诺基亚（Nokia）定向越野跑鞋，后来开始进口新百伦（New Balance）运动鞋。

不过事实证明，虎牌才是我们最大的竞争对手。他们的公路跑鞋使用的是帆布鞋面，这种鞋面的生产成本比我们的皮面和仿皮面要便宜得多。我们必须迅速采取行动，以免锐步因为这一新趋势而被彻底扫出市场。

幸运的是，我们就位于纺织行业的中心区，所以没花多长时间我们就买到了帆布。可要把这种重量更大的斜纹织物缝合在一起，又不想产生磨损，这是一个巨大的挑战，我们需要新的机器和工艺。

锐步的 Fab-Road 运动鞋终于从绘图板走向了市场，与竞争对手虎牌的运动鞋相比，我们的定价很有竞争力。为了提高初始销量，迅速打出名声，我在《运动周刊》（*Athletics Weekly*）上做了一个上市宣传广告，并在杂志里附上了一个预付邮费的信封，读者可以撕下信封，把现金或邮购订单装进去，不需要手写地址或支付邮费，就能把信封寄给我们。做完广告后，我们开始等待。

几周后的一天，我早早来到工厂上班。当然，诺曼已经在那里了，他总是提前上班。

"乔！"他在茶水间里大喊，朝着面前的一个托盘点了点头。托盘里放满了预付邮费的信封。他平静地说："肯定超过 50 封。"

我震惊了。我把托盘拿进自己的办公室，并示意诺曼一起进来，然后，我把信封倒在桌子上，其中很多信封里能听到硬币的声音。

诺曼笑了，"没有比这更好听的声音了，对吧？"

接下来十分钟，我们拆开了所有信封，每个信封里不是现金，就是 Fab-Road 运动鞋的邮购订单。眼看就要拆完时，杰夫走了进来。他停下来盯着办公桌。"这是……"

我把最后两个信封递给他。他撕开信封，脸上仍然是不可思议的表情。

"没错，"我搓着双手说，"我做了我的工作，现在轮到你去做鞋了。"

接下来的几个月里，几百份新订单涌入我们的工厂。在第一双帆布鞋大获成功的推动下，我们决定和克里斯·布拉舍进口的新款诺基亚塑料鞋鞋竞争。那年晚些时候，我们开发了一款新鞋 Fab-XC，这是一款专门用于户外、沼泽和定向越野的运动鞋。在这款鞋上，我们引入了包裹着塑料的尼龙纤维，同款材料当时已经取代柏油帆布被用于敞篷卡车。

Fab-XC 大获成功。轻质和改善的防水性能使得人们穿着这款鞋跑过泥地和河流时，不会因为鞋吸收了水和泥土而变得沉重。当时我们并不知道，我们已经站在了英国全新的跑步潮流的前沿，而最初的努力意味着锐步已经稳稳抓住了先发优势。

拥有那么多跑者做我们的销售代理，20 世纪 60 年代的业余运动员几乎不可能看不到锐步品牌。另外一个显而易见的事实是，我们也开始被其他运动鞋品牌关注。像虎牌的进口商斯坦·埃尔登和诺基亚的进口商克里斯·布拉舍这样的人都开始关注并学习我们，这让我受宠若惊。

然而，我很快发现，越过商界的矮墙观察对手也会带来负面结果。阿迪达斯也在关注我们，时刻等待机会发起攻击。

我们在跑鞋设计中加入了丁字形条带和两个线条，还有一个沿袭自水星时代的"飞翼使者"标志。1968 年，我们收到阿迪达斯寄来的一封信，声称他们认为我们侵犯了他们三条线的商标权。我们只能务实地应对这个问题，主要原因是我们没钱跟他们对抗。

　　在本地运动员富有创意的建议下，我们把标志改为一个箭头和横向的线条，这个设计的灵感源于英国航空公司（British Airways）飞机尾翼上的标志。我一直在思考标志中"R"这个字母。字母具有方向性，也就是说，我们的标志在左脚的鞋上只能指向后方。我决定彻底在标志中放弃字母缩写，用箭头画出一个圆形。这个方案看起来奏效了，当负责我们所有平面设计的人提议采用 Motter Tektura 字体时，我知道我们终于做出了锐步独特的标志——星冠（Starcrest）。

　　再次变更标志是件非常痛苦的事，但我对结果很满意，而且一想到阿迪达斯也在关注我们，这让人很是安心！这让我们觉得自己终于走进了赛场，尽管仍然被看作局外人，但至少我们已经身在比赛中了。

SHOE MAKER

THE UNTOLD STORY OF THE BRITISH
FAMILY FIRM THAT BECAME A
GLOBAL BRAND

第 13 章

心念美国

▼

参 与比赛是一回事，赢得比赛又是另一回事。想赢，我们就必须在大玩家的地盘上，在美国挑战他们。当时，我们仍是一家规模相对较小的公司，但已经在英国运动市场中占据了不小的份额。

尽管打开美国市场是我的主要目标，可在美国的相反方向、离我们更近的地方也有一块相当大的区域。所以在 1967 年，杰夫和我决定抽出一周时间，跨过英吉利海峡去考察欧洲市场。

9 月底，我们开车经过法国、比利时，前往德国北部参加SPOGA，也就是国际体育用品、露营设备和花园家具贸易展览会。我们知道运动鞋市场完全被阿迪达斯和彪马垄断了——我们一周生产几百双鞋，而达斯勒兄弟的鞋类产量肯定有上千双——但亲身感受国际体育用品展，对我们来说还是非常好的一次机会。

当我们把车停在科隆（Cologne）的双塔大教堂对面时，已经到了下午很晚的时候，这座教堂仍然能看到第二次世界大战留下的损伤痕迹。我们找到教堂对面展览会组织者设立的办公室，在负责接待的地方表明了自己的身份，却听到了不好的消息。我们被告知，科隆已经没地方住了，如果我们能在下午五点回到办公室，会有大巴送我们去最近的酒店。

事后证明，我们的"酒店"是柯尼希斯温特（Königswinter）莱茵河边一座又黑又破的小旅馆，需要坐一个半小时的大巴车才能到科隆。由于旅馆只有欧式早餐，所以我们找到服务员，想知道怎么去最近的餐馆。杰夫在军队服役期间，大部分时间是在德国度过的，尽管他的德语不算很好，但在大多数人眼里显然还说得过去，可这个服务员却是个例外。杰夫说的话，她似乎连一个单词都听不懂，而我只能尽全力保持沉默。在做了半天手势，又叹气了无数次后，她终于放弃了，给我们指了小镇中心的方向。吃完一顿索然无味的晚饭、喝过几杯白啤后，我们做好了再次面对那个服务员的准备。

她脸色阴沉，一副无可奈何的样子，带我们走进了一间昏暗的屋子，里面摆着一张双人床，还有成群的蜘蛛。我已经很多年没有跟哥哥睡在一起了，更别提房间里还有一大堆蜘蛛。可想而知，我很难入睡。不过在某一刻，我终于昏睡过去，可又被服务员砸门的声音惊醒，她用完美的英语告诉我们，现在是早上六点了，早饭已经准备好了。

在那天剩余时间里，杰夫和我在展览会上的各个摊位前游走，偶尔会碰到一两个英国人。傍晚时，我们认为看得够多了，而且不想继续接受当地的接待服务，于是我们找到自己的车，向法国开去。

启程参加 SPOGA 的几个月前，我联系了欧泊（Opal），这是一家在法国南部出售活动房屋的公司。他们的一个厂址位于朗格多克（Languedoc）的滨海阿热莱斯（Argelès-sur-Mer），我觉得这是个好机会，我们应该向南绕路，更多地了解他们的产品。作为潜在买家，对方领着我们参观了工厂，同时邀请我们在他们的房车公园过夜。24小时后，当我们离开时手里多了一份所有权文件。直到现在，我也不知道那天我们为何会在法国买下一栋活动房屋，但我记得当时做出这个决定和喝了很多红酒有关，并且我们有一种信念，认为自己需要一个放松的地方，并且给自己找了一个借口，说可以把这当作我们的"欧洲办公室"，尽管我们已经决定把焦点集中于英国和美国。

看起来，欧洲市场似乎比美国市场还难以进入。除了已经被阿迪达斯和彪马占据的市场外，欧洲也没有太多可获得的收入，而且也不存在通用语言。毫无疑问，美国才是财富真正的所在地，那是一个拥有 3.5 亿人口的国家，其中绝大多数人说着和我们一样的语言——或者说，大体一样的语言。田径运动在美国仍然小众，但和英国相比，这也是很大的小众市场了，而且从大学往上都有商机可言。

还有其他原因可以证明打开美国市场的重要性。美国是时尚引领者，世界上的其他国家都在关注美国的创新和新时尚。美国还有一种"用后即弃"的文化。他们的收入水平以及收入可负担的生活方式，让他们在购物时可以承受更大风险。他们不像欧洲人，买鞋或衣服前需要再三思考。美国人更冲动，如果喜欢，他们就会买。如果事实证明买的是好东西，他们就会再次购买。如果不喜欢，他们就会去了解其他商品，不会要求退款，不会吵闹，也不伤和气。

现在，我们只有一个目标。很快，一个机会出现在我们眼前，正是这个机会，让我穿着锐步鞋的一只脚终于迈进了美国的大门。

我酷爱阅读各种体育商品杂志。我不得不看这些杂志，那是跟随最新潮流的最佳方式。在某一期《欧洲体育》（*Eurosport*）杂志上，我看到英国贸易委员会（British Board of Trade）的一则广告。他们为体育用品制造商提供赞助名额，让所有参展商作为一个整体，代表英国参加 1968 年在美国举办的全国体育用品协会（National Sporting Goods Association，NSGA）展览会。展位费、回程机票费以及 50% 的酒店住宿及其他开销都能得到报销。对锐步来说，这根本不需要考虑，参加展览会也是英国政府鼓励英国企业出口商品的好方法。

鲍勃·布里格姆，也就是要我们为他在曼彻斯特的户外运动商店生产登山靴的人，他也想参加展览会。他提议，我们以他新成立的 MOAC（Mountaineering Activities）公司的名义注册，共同参加展览会。我们之前都没去过美国，所以有熟人相伴看起来是个好主意。在某一天的午饭时间，我们去了曼彻斯特的一家裁缝店，为我们的锐步/MOAC 美国探险之旅买了一模一样的西服。

尽管在芝加哥麦考密克展览中心（Chicago's McCormick Place）举办的展会只有四天，但两周后的返程机票价格更便宜，所以鲍勃提议我们先去纽约几天，再去芝加哥参加展会，最后去百慕大（Bermuda）和他的几个朋友见面。我有什么可反对的呢？

展览会的日期正好和我二儿子大卫的生日是同一天，但我没有一丝犹豫便确认了美国的行程，也认可了多玩几天的计划。我很想说，自己做出这个选择纯粹是为了收获日后能惠及全家的成果。可如果扪心自问，上述说法肯定不是真的。就像我父亲和祖父一样，工作和家庭对我来说是不同的区块，两者之间的关联只在于为对方提供必需品。商业收益是我的驱动力，或者说，是我的执迷。

这是福斯特家族的文化，如果有的话，甚至可以说是福斯特家族的假名。我唯一做过的符合姓氏含义的"培养"工作，就是养护我的生意。养育家人被我放到了第二档。我父亲也是这么做的，他的第一要务是在酒吧进行的社交活动。现在，我走上了一模一样的路，只是暂时还没付出代价而已。

行李箱里塞满了样品和原材料。我们在曼彻斯特机场登机，在乘坐飞机的大部分时间里，我们都在喝酒抽烟。32 岁的我坐在去美国的飞机上！当飞机在肯尼迪机场降落时，我觉得自己就像平安夜里的7 岁孩子一样，眼前出现了一个又一个视觉上的礼物：纽约的天际线，帝国大厦和克莱斯勒大厦——这些都是我在电视或电影院里看到的经典画面，现在，我就身在此地，亲身感受这个令人激动的世界。

在前往位于时代广场的酒店路上，我们透过黄色出租车的车窗，看着纽约的街景一闪而过。一切和我想象的一样，和我在电影里、电视里看到的一样。汽车喇叭响起，街上闪着霓虹灯，热气从地面上的井盖中喷出。一切明亮又耀眼，街上的人们意志坚定地大步向前，这里的建筑很高，透露出一种骄傲的感觉。

接下来的几天里，我们在纽约市中心寒冷的街道上闯荡，尽可能多地拜访体育和户外运动商店，了解店内布局、定价和商品种类，真正拿起并感受我只在杂志里看过的鞋的重量和缓冲性。不过，我们还是被二月摩天大楼之间的寒风击败了，在市中心温暖舒适的塔德（Tad's）餐厅享受了一顿牛排大餐。

如果说还有另一件事证实了我对美国的看法，那就是所有东西都很大，包括餐厅里食物的分量。我们看着比餐盘还要大的牛排惊叹不已，牛排旁边还配有拳头大小的爱达荷土豆和四分之一磅（约 113克）黄油。这些只要 1 美元！

走出餐厅，看着庞大的建筑物，我的脖子会不由自主地伸长。这里的人也很夸张——他们大胆又自信，而且嗓门很大，每个出租车司机、服务员或酒店门童都像从情景喜剧里走出来的人物。

就连这里的温度都很极端，刺骨的冷风就像刀锋一样切割皮肤。可如果我们认为纽约已经够冷的话，那芝加哥能让人感到刺痛的寒冷便更加极端了。天空飘着大雪，密歇根湖面上都是边缘如锯齿一样的大冰块，看起来就像被冻住的鲨鱼鳍一样。

NSGA 展览会前一晚，英国领事馆为我们这些体育行业的人举办了一场招待会。招待会上有点心和红酒，还有严厉的警告，告知我们晚上不要单独外出，只能去光照条件良好的主要街道。无论有没有鲍勃，我都不准备半夜出门闲逛。冻伤或者被捅伤可不是我想带回英国的纪念品。

和这趟旅行的其他环节一样，位于密歇根湖畔的芝加哥麦考密克展览中心也是个非常庞大的建筑物，到目前为止它仍然是北美最大的会展中心。这里的屋顶长到可以停下一架轻型飞机。展览中心里面全是摊位，展示着各种能与"体育"搭得上一丁点边的产品，包括打猎、射击和钓鱼用品。

作为一场体育展览会，参会者中抽烟的人实在太多了，我也是其中一员！展览会期间，我一根接一根地抽着拜访我们展位的人递过来的烟。这些烟是超长的 101 香烟，我作为一个不喜欢浪费的英国人，把每根烟都吸到了过滤嘴的位置，而美国人每根烟只吸两三口就掐灭了。这是我第一次与大西洋彼岸的"用后即弃"文化面对面。

在展览会上，鲍勃凭借锐步生产的 FEB 登山靴获得了一小份订单，而我除了没完没了的咳嗽什么也没得到。很多零售商对锐步的产品感兴趣，可当他们询问哪里可以买到，而我拿出自己的名片时，他们都会用充满疑惑的表情看着名片。

"英格兰？这在哪个州？"他们会非常认真地询问。

我开始解释："英格兰，在英国。"

终于，他们明白了，"哦……英格兰，在伦敦附近。"

"是的……在伦敦附近。"我疲惫地重复道。我不想再解释了。

这时他们通常会把名片递回来："等我们在这里能买到的时候再跟我说。"

所有人都想用美元、从美国供应商那里购买产品。他们不想面对进口商品的麻烦，他们也没这个必要。美国境内已经有很多供应商了。显然，我们需要一个身在美国的分销商，就像 20 世纪 50 年代福斯特公司在耶鲁大学有联络人一样。阿迪达斯有三四名分销商负责北美地区，我觉得我们也需要这么多人。因此，我开始了非常漫长的寻找。

到 NSGA 展览会结束时，我的咳嗽已经止不住了。抵达百慕大后，我把剩余的所有香烟扔进了最近的垃圾箱里，并发誓今后再也不抽烟了。幸好，我的咳嗽症状几乎立刻消失了，这让鲍勃和我都松了一口气。毕竟，在他朋友位于汉密尔顿（Hamilton）市外的小房子里，我俩不仅住在同一个房间里，还分享了同一张床。

尽管有让人尴尬的住宿问题，但百慕大悠闲的氛围和湿热的气候，还是很好地缓解了过去疯狂又寒冷的 10 天。汉密尔顿的殖民地风格茶馆比曼哈顿（Manhattan）的午夜小餐馆高端了不少，而且与纽约市中心没完没了的警笛形成对比的是，这里只有孤身一人的警察，穿着短裤，在安静的市中心平静地指挥交通。

鲍勃和我骑着租来的小摩托车游览了全岛，参观了总督府和旧海军船坞。开着摩托车穿过橘子园时，我短暂地闭上双眼，感受暖风吹在脸上，呼吸着橘子的香气，让百慕大的热气舒缓我紧张的肩部肌肉。两天后，我回到贝里，闻着自己的小货车里的汽油味，看着风挡猛烈拨开雨水，才能勉强看清晚冬时节被大雨浸透的灰色道路、建筑和居民。

这样的场景通常会让我感到压抑，但我渴望见到琼和凯，想把生日礼物送给大卫。我也渴望回到熟悉的工厂环境中——我想念旧皮子的味道、穿孔机的嗡嗡声和咣当声，还想念每天要面对的商业挑战。我准备好了，现在我知道我们需要做些什么才能进入美国市场。让人兴奋的时代就在未来，我能感受到。

SHOE MAKER

THE UNTOLD STORY OF THE BRITISH
FAMILY FIRM THAT BECAME A
GLOBAL BRAND

第 14 章

走向世界的序幕

贸易委员会想必认为美国之旅非常成功，他们在很多年的时间里一直支持我们这样的企业。尽管鲍勃自那一次后再未去过第二次，但我却把代表锐步参加 NSGA 当作每年都要完成的工作。然而，寻找美国分销商比我想象的要难得多。我们的规模太小，资金太少，一点儿名气也没有。

尽管如此，弗雷德·马丁经纪公司（Fred Martin Agencies）的罗尔夫·马丁（Rolf Martin）和彼得·马丁（Peter Martin）还是找到了我，两人的父亲在加拿大的温尼伯（Winnipeg）创办了这家体育代理公司。他们正在代理彪马，却偶然发现了我们专为学生提供的 Perfect 钉鞋。与我们的产品价格相比，彪马根本不是对手。

马丁兄弟给我们的小生产线下了一份超大订单，导致我们在工厂经常加班到半夜，拼命想要赶上最后的发货日期。但我很高兴加班——尽管位于北纬 49° 线的北侧，也就是加拿大，但我们毕竟和大西洋对岸签订了分销协议。

当时，数量这么大的订单一般都是装在木箱中运输的。赶到利物浦港把木箱装上货船，我们看着驶离港口的船终于松了一口气。那是弗雷德·马丁代理公司大订单的最后一批货，所以至少现在我们可以恢复接近正常的工作时间了。

然而几周后，我们收到了一份紧急请求，要求我们重复上一份订单，而且要尽快发货。上一批木箱在加拿大卸货时掉进了水里，几十双锐步鞋沉入了加拿大港口黑暗的深渊。

抛开沉到水底的鞋，马丁兄弟在 Perfect 鞋上取得了成功，他们还送给加拿大跳高运动员黛比·布里尔（Debbie Brill）一双鞋。布里尔当时还是个学生，她发明的一个技术动作日后成为著名的"布里尔翻身跳"（Brill Bend）。布里尔翻身跳与创新性的福斯贝里背越式跳高（Fosbury Flop）相似，都需要背部与地面平行跳过横杆。黛比后来创造了她那个时代的几项世界纪录，其中一些至今无人打破。

可悲的是，弗雷德·马丁经纪公司采购锐步鞋的消息，还是传到了他们最大的客户彪马的耳中。至少可以这样说，他们一点儿也不高兴。他们威胁马丁兄弟，如果继续与我们合作，就会取消马丁经纪公司加拿大分销商的资格。马丁兄弟没有继续与我们合作，导致我们的加拿大合约戛然而止。

不过在 1969 年，我希望有人在国际市场上分销产品的祈祷得到了回应，我们吸引了劳伦斯体育（Lawrence Sports）的关注，后者是英国的一家生产足球鞋的大型公司。

在大西洋另一边，足球的人气正在不断升高。作为公司销售主管、人称"沙克"的德里克·沙克尔顿说服了公司老板哈罗德·劳伦斯（Harold Lawrence），希望劳伦斯体育可以从美国市场分走一杯羹。沙克认为，与锐步建立联系，依靠我们品类更丰富的运动鞋，能提高他们在美国市场获得成功的机会。

沙克看似不经意地向我提出，如果让劳伦斯体育成为锐步的全球经销商，对双方都有利。回顾过去，我猜那时的锐步仍然残留着一些祖父时代福斯特品牌的心态，我们错失了一个好机会。如果我从小在一个不同的环境中长大，我就会找到劳伦斯体育，提议在他们销售我们的产品期间，也许还可以生产一些锐步的足球鞋。

可我没这么做。部分原因在于，当时的劳伦斯体育公司比锐步大得多，我们无法控制他们；但另一部分原因在于，我满心欢喜地认为自己已经找到了进入美国市场的渠道。我们就靠那条渠道吗？在全球销售、进入美国原来就这么简单？我心里的确就是这么想的。哇哦！只要一个电话，我们就能成功。

这份协议看起来太美好了，让人感觉不是真的。劳伦斯体育愿意买下我们全年的产量，当时我们一年能生产 12 000 ~ 15 000 双田径、越野、路跑和橄榄球鞋。我将成为国际销售团队中的一员。那是一份很好的邀约，可以保证我们的 20 名员工得到全职雇佣，保证锐步实现最大产量，而且能按时从劳伦斯体育获得钱款。唯一不好的是，我们必须停止向人数众多的运动俱乐部销售代理直接供货，而过去七年我们一直在培养与他们的关系。我花费了大量时间和精力招募销售代理，停止与他们的合作会是一次重大的赌博，可眼前的机会太好了，不容错过。海外销售是最难克服的难关，这份协议能减少很多麻烦。我同意并且签下了这份协议。而这个决定，差点让杰夫和我失去整个公司。

有沙克收购全部产品并负责分销，我现在终于有时间为锐步探索其他领域了。皮制服装似乎是显而易见的选择。我们已经和原材料供应商建立了联系，生产线也可以轻松复制用于缝制服装。而且，那时的时尚界也很有意思，那是一个属于皮质和仿皮热裤与短裙的时代。

尽管锐步提供了资金，但杰夫并不想参与到我的 Leatherflair 时尚产品生产中。不过，他还是帮我用品牌的配色粉刷了我们在贝里的第一家零售店——主要是花哨的紫色，这个颜色在 20 世纪六七十年代很有辨识度。他还帮我在店铺后面搭建了一个作坊，我雇用了一个材料切割员和两名女工，负责缝制材料。

我还聘请了另一个女孩负责管理店铺，以及从伦敦的一家设计公司选择时尚产品。很快，我就在布莱克本（Blackburn）和南港又开了两家店铺。琼也对商店很感兴趣，除了对进什么货提出自己的意见外，她也参与到给其他两个店铺发送成品的工作中。

我们不仅在本地报纸做广告，还付钱给布莱克本小姐，让她在时装秀上穿我们的衣服，其中包括一件配有羽毛围巾的软式婚纱，每次走秀这件衣服都很引人注目。就是类似这样的服装，开启了我们进入头部百货公司的供应链。不可否认，这是一门有趣的生意，也为我们提供了相对轻松的额外收入。

除了进入女士服装领域外，1969 年，我们还推出了我心目中锐步最伟大的运动鞋之一。

我们和离工厂不远的博尔顿联合鹞俱乐部关系紧密，赞助了很多本地运动员，其中的罗恩·希尔（Ron Hill）已经是在国际上取得成功的跑步运动员，他在英国、欧洲和奥运会上都赢得过长距离项目的奖牌。杰夫是同一家俱乐部的成员。一次训练结束后，罗恩在两人聊天时说出了他心目中"终极"跑鞋的样子。他选择了正确的倾诉对象。第二天，杰夫和我就以他的建议为基础开始构思了。

当罗恩·希尔这样的人提出改进建议时，你绝不会忽视它们。从 1964 年 12 月开始，罗恩每天坚持至少跑 1 英里（约 1 609 米）。这个连续跑步的纪录一直持续到 2017 年 1 月，他一共跑了 56 年零 39 天。有人说他是跑步上瘾，可如果你认识这个来自阿克灵顿（Accrington）、充满智慧的顾家男人，你就会知道，他对跑步是纯粹的热爱，而且他还有对心理、身体和装备完美性的额外追求。

和大多数顶尖运动员跑步时脚跟着地不同，罗恩属于人们口中的"飘浮跑者"，他总是前脚掌先着地。这种技术可以带来更多向前的动能，还能减少对膝盖的压力。如果光脚跑步，你的身体自然倾向于用中脚掌或前脚掌落地。罗恩想要符合自然趋势的跑鞋。实际上，罗恩经常不穿鞋跑步，甚至在越野和公路跑步时也不穿鞋。他想获得和光脚一样的感觉。他设想的是一双最简化的路跑鞋，但却以田径鞋的设计为基础。除了重量超轻外，这双鞋还不能让人感觉到根部的存在。按照罗恩跑步的方式，他不需要鞋跟，这部分对他来说只是多余的重量。

我们最终设计出来的产品远远超前于那个时代。当时的流行趋势是加厚中底以提供额外的缓冲，但罗恩连衬垫也不想要。这款新鞋的缓冲层只有大约 3.2 毫米厚，同时配上了大约 3.2 毫米厚的耐磨橡胶作为外底。鞋面由可水洗的仿皮制成，那是一种反面的小山羊皮，我们不需要预先对皮革进行处理就能在光滑面上直接涂胶。

我们使用的是约维尔市（Yeovil）的皮塔兹（Pittards）公司生产的一种特制的手套皮革。我在去为我们生产越野鞋模压鞋底的橡胶厂的路上，拜访了皮塔兹公司。我用手翻看着数不清的彩色样品，最终确定了名为"时髦狐狸"（Snazzy Fox）的亮眼琥珀色。

　　罗恩非常喜欢这款鞋，甚至喜欢到不愿让鞋离开自己的视线。无论如何，他的跑鞋磨损程度很低，可当他的鞋底真的出现磨损时，他不会买新鞋，而是把旧鞋拿到工厂，坐下来看我们重新给他上底。

　　凭借独特的配色和罗恩的背书，我们的 World 10 跑鞋很快就成了路跑界的阿斯顿·马丁（Aston Martin），无论是外观上还是性能上。罗恩在整个职业生涯中参加过 115 场马拉松比赛，他赢下了其中21 场比赛的冠军，还曾在四个不同长度的跑步比赛中创造过世界纪录。1970 年，他成为第一个赢下波士顿马拉松冠军的英国人，而且在寒冷、潮湿、逆风的情况下，他所用的时间比原赛会纪录少了整整3 分钟。锐步仅凭这一场胜利就吸引了大量关注，罗恩所穿的 World 10 跑鞋很快收到了几百份订单。

　　我们很幸运，本地的运动俱乐部拥有这样一位高产的冠军；更幸运的是，他和杰夫分享了改进跑鞋的建议。如果没有这样适时的好运气，锐步也许无法这么快地走上世界舞台——假设锐步真能走上世界舞台的话。

SHOE MAKER

THE UNTOLD STORY OF THE BRITISH FAMILY FIRM THAT BECAME A GLOBAL BRAND

第 15 章

一段濒死经历

劳伦斯体育在第一年和第二年都履行着我们之间的协议，将锐步的产品出口到澳大利亚、新西兰、加拿大和南非。可让人沮丧的是，尽管沙克一再坚称他们能做到，但始终没能获得"圣杯"——也就是说，他们没有在美国找到销售渠道。

我试图保持耐心，相信我们早晚能进入美国市场。我对沙克非常有信心。他是一个信守诺言的人，他知道美国的供应链对我有多重要。

1971 年，就在我们的合同马上就要到 24 个月时，我接到了沙克的电话，他说自己要离开劳伦斯体育了。公司老板哈罗德·劳伦斯当时已经 70 多岁，他把大部分决策权交给了自己的女婿。沙克与劳伦斯的女婿性格不合，两人开始出现冲突，所以沙克认为他不能继续在那里工作了。尽管得到了保证，他的离开并不会影响锐步和劳伦斯体育的合作，但我还是产生了身体上的不适感。

果然，沙克一离开，局面便迅速开始恶化。首先，锐步的货款支付开始延迟，劳伦斯体育开始以质量为由把鞋寄还给我们。我觉得非常羞愧。按照锐步过去的生产标准，我们从来没遇到过问题。我让杰夫拿几双我们为劳伦斯体育生产的样品鞋到我的办公室，准备仔细检查。

杰夫和我仔细在鞋上寻找问题，拿在手上翻来覆去地看，寻找磨损痕迹、皮革的折痕，查看胶水是不是用多了。我们的手指摸着缝线不停地检查。我们两人都同意，鞋的质量完全没有问题，所以我要求劳伦斯体育支付截留的剩余货款。他们拒绝了。我们完全依靠劳伦斯体育，他们带来的营收在我们全部营收中的占比几乎为100%。他们不支付货款，意味着我们的现金流基本被截断。如果银行发现这个情况，我们会有大麻烦。我们需要找到一些现金，而且需要快速找到。

我和哈罗德的女婿徒劳地进行了无数个小时的交谈，当他不在的时候，我还和他的部门经理交谈过。正是在这个过程中，我发现了货款突然中断的真正原因。沙克离开时，带着很多销售人员去了拔佳鞋业（Bata），劳伦斯体育找不到那么多可以顶替他们的人。公司因此而受到冲击，订单开始萎缩，他们不得不减慢生产速度，其中就包括我们的产品。

大约在同一时期，足球鞋技术也开始进化。传统靠缝制或胶水粘黏的鞋底，现在改为注塑法制作。劳伦斯体育被迫做出高额投资，购买一种新型的多台式注塑机，而这种机器只能在德国买到。这台机器原本应该在1971年1月交付，以赶上标准的足球鞋生产高峰期——1月到6月——可机器并未按时交付。等待期间，他们的足球鞋产品彻底停产。对于一家只生产足球鞋的公司来说，这当然是非常严重的问题。

当注塑机终于在4月现身时，安装团队却发现机器太大了，放不进劳伦斯体育公司专门为这台机器修建的新厂房。他们又花了一个月的时间才完成了建筑物的扩建。终于，他们可以生产了。这时，他们发现模具有问题，需要重新制作。

等到这台巨大的机器终于可以生产注塑足球鞋时，时间已经到了赛季开始前应该发送货物的时候。足球鞋零售高峰期很短，只有 7 月和 8 月，也有些少量重复的订单会持续到 12 月。因此，当足球赛季开始的日期越来越近时，所有零售商都取消了订单，劳伦斯体育的业务开始大量流失，现金流问题自然不可避免。

他们显然会进入清算流程，因为我的决定，锐步被绑定在了这艘正在下沉的船上。他们的仓库里放着 2 000 双我们的运动鞋，我们承受不了同时失去货款和库存的结果，那会成为我们的丧钟。

抛开我们还在为鲍勃·布里格姆生产的定制登山鞋不说，我们，或者说我，犯下了一个难以置信的天真错误，我把所有鸡蛋放进了同一个篮子里。这是个愚蠢的错误。我把打进美国市场摆在首位，却盲目地踏入可能致命的危险中。"蠢，蠢，蠢。"我不停地斥责自己。为了避免破产，我该去积极思考了。我得负起责任，缩减成本，希望我们能摆脱这个麻烦。

我把所有人集中在工厂里。那天的天气很好，阳光透过工厂的窗户照射进来，就像剧场里的聚光灯一样，照亮了 20 多个穿着白色外套的工人的脸，他们都在盯着我。

我感觉非常糟糕，满怀罪恶感。他们都是忠诚的员工，像家人一样一起工作。虽说劳伦斯体育中断生产是导火索，可将公司置于仰人鼻息的状态下，错全在我，我才是应该负责的人。我就像一个规划了错误航线的船长，船因我而触礁。人们若有任何敌意，都是我活该。

"我们遇到了非常严重的现金流问题。"我开口说话了，没必要绕弯子。我注意到一些工人一脸戒备地抱起双臂，等待着最坏的消息。我对劳伦斯体育的问题做出了解释，说明了他们遇到的困难如何影响了我们的财务状况。

我继续说："所以，从明天开始，我们需要减少产量，暂时解雇一些人。"我说的"一些人"，其实指的是略超一半的人数，但我那时拒绝说出这个事实。很快，大家开始提出尖锐的问题。

"要持续多久？"

"谁会留下来？"

"这个月我们还能拿到钱吗？"

我诚实地回答了所有问题，强调这么做只是权宜之计，我们会启动恢复计划。我向他们保证，我们会尽快让每一个人回来工作，只是现在没钱继续雇用他们罢了。

我和杰夫永远是最后拿到钱的人——这在过去和现在一直是我们作为老板的职业准则。我们要对员工的福祉负责，那些员工都无比忠诚而努力。如果一个决定会影响他们的生计，不管是好是坏，责任都在杰夫和我。我没有预见到沙克会离开劳伦斯体育，这导致我做出的与他们公司绑定的决定变成了糟糕的决定，而我们的员工被迫承受结果，尽管他们没有犯任何错。

也许因为我的坦率和直白，也许只是因为他们无比忠诚，没有一名员工表露出我应得或期待中的仇恨。有人提出愿意无偿继续工作，以保证锐步生存下来，其他人则坚称他们愿意在情况好转时回来工作。我真的非常感动。

为了变得"更好"，我们需要迅速行动。我们需要现金。劳伦斯体育的崩溃也拖垮了 Leatherflair 的业务，我们没有钱同时投入锐步和时尚副业。我们关闭了贝里和布莱克本的店铺，但无法取消南港店铺剩余两年的租约。

还有一个小问题，那就是放在劳伦斯体育仓库里的 2 000 双锐步鞋。距离劳伦斯体育进入破产清算只剩几天时间了，届时我们的鞋会被强制拍卖，变成损失。我需要把鞋收回来，现在就得收回来。

就在我宣布裁员的同一天，我租了一辆大货车，驱车 150 英里（约 240 千米）前往劳伦斯体育位于南安普顿（Northampton）斯坦维克（Stanwick）的仓库，把所有鞋塞进车厢。现在，我们只需要想办法卖掉这些鞋，迅速赚点钱。

我们一直设有工厂直销门店，在那里出售因为轻微瑕疵而被其他分销商拒收但质量很好的产品。我们在贝里的退货箱经常被年轻人洗劫，他们会翻过围墙，翻箱倒柜寻找配对的运动鞋。有时，甚至稍微能搭配在一起的鞋都会被拿走。我不止一次地注意到街上的本地男孩或者酒吧里的人脚上穿着号码不一样的鞋，或者看起来相似但实际不是同一款的运动鞋。

可即便是"掠夺者"和专挑便宜货的人，也没法消化我们的 2 000 双库存。琼挺身而出，向朋友和她在学校及俱乐部的熟人传递信息，表示我们愿意用半价甚至更低的价格出售产品。即便打 50% 的折扣，我们靠直销赚到的钱也比卖给劳伦斯体育的更多。我们想办法凑到了足够的钱，还清了最紧急的债务。但同样重要的是，我看到了全新的琼。当情况变得危急时我看到她不介意亲自下场，这让我对她更多了一分敬意。如果没有她的行动，我们想要恢复元气的难度只会更大。

SHOE MAKER

THE UNTOLD STORY OF THE BRITISH
FAMILY FIRM THAT BECAME A
GLOBAL BRAND

第 16 章

新机会

门的情况大抵如此，一扇门关上时，另一扇门总会打开。有些时候，打开的甚至是好几扇门。尽管最初我们可能因为生产完全停滞而有些害怕，但杰夫和我从未考虑过彻底失败这种可能。这顶多是一次重启。

打开第一扇门的，是一个老熟人。沙克听说我们陷入麻烦，他想办法说服新东家拔佳鞋业，在他们的 Power 足球鞋品牌中加入了我们的 Ripple 运动鞋，这立刻让我们获得了每周 100 双鞋的订单。除了每周向鲍勃·布里格姆供应的 50 双登山鞋，以及为一些个人制作的少量定制手工跑鞋外，那是我们唯一的定期订单。

为了缓解我们的现金流问题，沙克还安排我们用期限加长的延期信用证直接从拔佳鞋业购买生产以上运动鞋所需的皮革及其他原材料，而且确保拔佳鞋业在我们生产完运动鞋的七天内就支付货款。实际上，这意味着他们在锐步支付原材料价款的三个月前，直接买回了自己的皮革和其他材料。

事实证明，这是一份救命的协议。与其他供应商协商好用延期信用证支付价款后，我终于可以带着一份可行的生存计划走进银行。我们距离安全状态还有很长一段距离，但我能看到一条通往前方的路，能看到一条又黑又长的通道终点的灯光。现在，我们需要的就是更多订单。

尽管劳伦斯体育的倒闭差点拖垮了我们公司，但从他们手里拿回公司的控制权，实际上是一种解脱。有额外时间考虑其他产品线当然是好事，可一想到自己对公司可能失去了完全控制权，我的热情就会消散。将锐步从劳伦斯体育近乎垄断的控制权中解放出来，意味着其他公司可以找到我们，我也可以向他们推销自己的产品。在运动鞋这个相对较小的世界里，消息传得很快。一旦听到达成新协议的风声后，其他对我们有兴趣的公司便会纷纷浮出水面。

在与拔佳鞋业达成协议后不久，我就接到了由两兄弟所有的鞋类连锁商店 Stylo 的电话。随着体育对商业街的影响越来越大，Stylo 把一部分鞋类零售店改为体育用品商店，并且希望我们能为他们生产运动鞋。沙克又一次让拔佳鞋业同意我们使用同一个延期信用证，为我们供应皮革。

随后，德国运动品牌 Hummel 联系到我们。他们在布里斯托尔（Bristol）设有英国分销中心，希望我们生产一款低价运动鞋。对我们来说，这种鞋很容易生产，而他们的常规订单为一个月 200 双，这意味着我可以联系大部分被解雇的员工，让他们重新回来工作。到目前为止，我们的生产水平已经恢复到因劳伦斯体育崩溃我们不得不重启公司前的 80%。

在这段恢复期里，我们再次选择了多元化的经营策略。获取现金流被摆在最重要的位置上，甚至比我扩张锐步品牌还重要。扩张现在看来已经变为一种奢侈。最重要的是，我们需要想尽一切办法增加产量。以此为考量，除现有生产线外，我们开始生产划艇鞋、降落伞鞋和滑板鞋。进入这个领域为我们打开了又一扇门——而且是一扇大门。

芬恩·阿莫特（Finn Aamodt）来自一家总部位于奥斯陆（Oslo）的体育公司，他见过我们的产品，当时，他正在寻找一家能为挪威军队生产 20 000 双运动鞋的工厂。尽管我们已经接近恢复到 100% 的生产水平，但这一数量远超我们每周 2 000 双的生产能力。想要达到这种产量，我们需要把一部分工作分包给竞争对手。幸运的是，我们的一些员工曾经在帕克鞋厂工作过，他们提出帮我联系对方的总经理。

帕克鞋厂是一家本地生产商，为商业街品牌生产传统的日常鞋类产品。这家公司原本兴旺发达，可随着大品牌开始从远东地区进货，这家公司的订单量开始萎缩。正因为如此，他们有多余的产能。我们在价格上达成协议，杰夫把鞋的样式和构成细节发给了他们。尽管帕克鞋厂干得不错，而且和我们的关系也很融洽，但他们生产的产品却达不到锐步的标准。因此，我们没能从芬恩·阿莫特那里获得更多订单。

锐步生产性能优越的运动鞋——轻质、灵活且激进的设计，而帕克鞋厂是生产日常用鞋的。他们使用的鞋楦没有我们要求的形状和鞋头翘度，而且他们的机器要使用钉子。这就需要更结实、重量更大的鞋垫，而我们的鞋垫是轻质的，而且是使用胶水黏合的。

在我们最需要助推的一段时间里，挪威军队的这笔订单为我们带来了很不错的收益，但也让我在外包的问题上得到了一次教训。只和拥有产能的人合作是不够的，我们还得考虑他们的生产方法、机器、鞋楦的形状以及使用的材料，这些因素决定了能否生产出性能优越的轻质鞋类产品。否则，如果只有产量令人满意但品质不够卓越，这样的产品就会损害我们的声誉。

随着生产的全面恢复，现金流也恢复正常，我们是时候重新把精力集中在推销锐步这个品牌上了。在美国，原本属于"细分"市场的路跑开始成为主流趋势，而这个趋势又反过来蔓延到英国，市场对路跑鞋的需求开始增长。不仅在美国，用销售重新在英国打出我们的品牌名声同样非常重要。劳伦斯体育崩盘不仅导致我们在美国打开销路的梦想破灭，同时也掐断了我们在英国全国的销售渠道。

现在，我们至少可以重新向 10 多家专营运动商品的零售店直供产品了。可在没有销售代表的情况下，要想增加非运动专门店的销量，唯一的办法就是向这些商店发送信件和价目表，祈祷他们用订单做出回复。但从品牌知名度这个角度来看，现在的锐步就像杰夫和我离开前的福斯特公司，所以靠信件获得订单的做法是一种徒劳。我不得不提醒自己，有时必须后退一步，才能看清可以让自己走向未来的路。

然而，有时我们确实觉得自己倒退的步数比前进的步数更多。但重要的是，我们不能失去信心。幸运的是，我天生就是乐观主义者，我知道未来会有更多机会让锐步进入美国，而且在英国知道我们品牌的人也会更多。这便是商业带给人的兴奋感——你永远不知道下一个角落里等待自己的是什么。

SHOE MAKER

THE UNTOLD STORY OF THE BRITISH
FAMILY FIRM THAT BECAME A
GLOBAL BRAND

第 17 章

一把通向美国的钥匙

1972 年，我们位于布莱特街的工厂的信箱里出现了一封信。写这封信的人是费城（Philadelphia）的一个名叫舒·兰（Shu Lang）的健身跑者，他在《跑者世界》（*Runner's World*）上看到了我们的产品广告。他大胆提议，我们可以把他当作美国的分销商。

他在信中提到，他想方设法弄到了一双锐步跑鞋，并注意到以下三点：质量好；在美国很难买到；美国缺少能与从德国、日本和芬兰进口的彪马、阿迪达斯、虎牌和诺基亚竞争的本土品牌。

他相信，如果有强势的销售团队和营销宣传，他就能挖掘全美数千所高中和大学的室内与室外田径队资源。与此同时，为了健身，为了参加 5 000 米和 10 000 米的路跑比赛而跑步的人也变得越来越多。

他的热情让我印象深刻，他的评论也让我受宠若惊，但我的态度却有所保留。经过反复几次通信后，情况逐渐明朗，尽管舒在美国东北部有很多关系，可他几乎没有能为我们打开全美市场的关系。但毫无疑问，他很热心，更重要的是，我们当时没有任何人可用。

我决定在他身上赌一把，但也鼓励他与美国其他地区的分销商合作。当舒开始拓展人际关系网时，我也在自己的联系人中寻找着可以和美国其他地区搭建销售通道的人。

名单上的第一个是一家位于加利福尼亚州（California）名叫 Sports International 的公司，由我在 NSGA 展销会上认识的一对夫妇经营。和舒一样，他们对合作也很有热情。经过简单的谈判后，他们设立了 Trans World Sports 公司，用来处理锐步在美国西海岸的分销业务。

所有工作似乎都在有条不紊地进行着，一切进展得或许太顺利了。先是舒突然寄来的信件，接着是和我在展销会上认识的人进行简单的对话，而这两个活动有可能为我们同时打开美国东海岸和西海岸的市场。也许是我把事情想得太复杂了，但这事真能这么简单吗？

简单地说，答案是否定的。就在 Trans World Sports 公司预计的正式运营时间的前几周，我接到通知，夫妇俩决定不干了，他们说要把精力集中在其他事情上。我始终不知道他们这么做的原因是什么。

好吧，我们还有东海岸的舒。我再次翻看自己的联系人，安排了和 Total Environment Sports 公司的 CEO 见面，按照他在 NSGA 告诉我的信息，他们是一家大型运动服装公司。

我在芝加哥参加完 NSGA 展会后坐飞机去了底特律（Detroit），那家公司的老板吉米·卡特（Jimmy Carter）在机场接到了我。到目前为止，一切都好。这家伙和美国总统同名，他的公司还是家大型体育用品供应商。可事实并非如此。吉米·卡特开车带着我驶过厚厚的积雪，来到使用一条通用汽车生产线工作的公司总部，而他所谓的行政办公室就是厨房里的一张餐桌。

这和我想象的差距太大了，可他是个好人，而我又有什么挑选的权利呢? 我同意向吉米·卡特提供产品, 直到舒通知我 Total Environment Sports 公司违反了我们的口头协议, 以折扣价推销我们的鞋时, 我才不得不终止这个合作关系。

再次经历失败后, 我变得消沉起来, 对寻找其他代理人也没那么用心了。事实证明, 想找到一个能和舒合作、为我们拓展美国市场的合适分销商实在太难了。

在接下来的几年里, 作为我在美国东海岸以及全美的唯一分销商, 舒的要求越来越多。几乎每次邮寄货物我都会收到这位美国员工指责我们的回信, 他要么抱怨我回复得太慢, 要么说我完全不回复, 要么说订单里的鞋尺码或样式不对。

在我拒绝继续忍受他后, 舒把注意力转向了杰夫, 写信、发电报敦促他"立刻"发送特定款的运动鞋。他的其中一封信是这样开头的。

亲爱的杰夫:

就像人们说的那样, 有一个像我一样唠叨你的人, 你还需要妻子吗?

尽管舒在销售锐步鞋方面没有取得太多进展, 但有一个身在美国、能让我们了解行业发展动态的人还是很有用的。他也关注着竞争对手的情况, 给我们发送其他品牌的样品, 提出他和客户认为可以改进的地方, 如增加透气孔或者去除跟腱处的鞋耳以节约成本。规模更大的品牌对经销商的态度越来越傲慢, 这个消息听起来很有意思。他们要么要求最低的订单成本, 要么硬性规定经销商只能存什么货, 或者把货卖给什么人。可由于这些大品牌的高人气, 经销商只能忍受。

舒也为我们提供了大学教练和运动员对锐步鞋性能的反馈及有用的修改意见。杰夫吸收了其中一些意见，将这些创意融入设计中。其他意见则和舒对我们的合作关系越来越没建设性的批评一起，被收纳在越来越厚的文件夹里。

舒让我逐渐意识到打入美国市场的难度究竟有多大。阿迪达斯、彪马、耐克和虎牌组成的"四巨头"几乎完全控制了零售市场，二线品牌只能靠强势广告宣传获得少量订单，但没有店铺愿意存货。我们有什么机会呢？

零售商不是跑者，他们不看跑步杂志。就算看杂志，他们也只看商业期刊和体育杂志。他们被品牌蒙蔽了双眼。在他们看来，当货架上的其他品牌无须推销自动就能吸引买家时，储存不知名的运动鞋就毫无意义。对于锐步这种不知名的品牌，我们只能在长期、费用高昂的广告宣传与关注不知道什么原因不购买大品牌商品的零售商之间做出选择。

与此同时，我们继续接触中学、大学和田径俱乐部，也在想办法获得邮购订单。舒意识到，我们无法迅速获得巨大成功。我们所期望的是缓慢却稳扎稳打的过程，可即便如此，我们在英国和美国的情况也令他颇感沮丧。

1974 年春天，舒和他的妻子来到英国拜访我们，顺便解决我们合作过程中遇到的一些问题。他在近期的信件中暗示，我们和他最大的区别在于，我们不努力而他在努力，而且他没有得到我们的帮助。

在伦敦观光了一天后，我带着舒一家参观了我们位于贝里布莱特街上的工厂。舒立刻冲到我们包装区里的 Mustang 运动鞋旁。他拿起一双鞋，皱起眉头。"这就是我一直等的货，你为什么不发货？"

我们确实对给舒的订单发货有点儿懈怠。这不是针对他个人，只是我有太多事要做，而给舒发货似乎对我征服美国市场的目标没什么影响。第 47 项待办事项——给舒发送 40 双鞋—— 一直被我放在待办事项清单的最后。"情况只是有点疯狂。"我抱歉地说道。

"疯狂？疯狂？如果你想知道什么是疯狂，你就该来我店里，看我不得不反复对那些每周都来的教练说出相同的话。'鞋还没到。'"舒在那一刻火力全开，他妻子试图安抚他的举动被完全无视了，"乔，你想让我在美国打造这个品牌，没有鞋，或者只有错的鞋，你让我怎么做？或者鞋是对的，但尺码不对。告诉我，乔，我该怎么做？"

我尝试平息他的怒火，在心里痛骂自己当初为何那么敷衍地回应他。可问题在于，我知道每次给舒回一封信，他就会立刻回复两封或三封信。我真的不能把一半的工作时间都用来给他写信，可他就像把郁积了几个月的怒火倾泻出来一样。

"你似乎觉得只要无视问题，问题就会消失，"他继续说道，"别理解错了，乔，我不是在怀疑你是不是真的想扩张到美国，但我开始怀疑你的能力。我在这一年半创造出了巨大的本地需求，但到现在我们也没有确定你到底想推广哪款鞋。你的发货很不规律，你也不回复我的询问。"

"我知道。"我镇定地说。我能看出他还没说完，所以我认为最好的策略就是让他一次性发泄够，之后再处理。

"我们在这件事上投入了大量时间、精力和金钱，却没什么成果可展示。你是最关键的人。如果我们想靠这个分销做点什么事，我们就不能一次又一次地陷入危机。"

我试图淡化他的恼怒和沮丧，如今我对他的这些情绪几乎免疫了。可他说得对吗？这一切都取决于我吗？我以为有了一个分销商后自己就能减少在这方面投入的精力，更多地去关注其他工作，例如，在英国拓展业务，但事实却正好相反？近五年来，我一直在积极想办法进入美国。现在，我已经有了一个立足点，我需要最大限度地把握这个机会，不管这个机会看起来有多渺茫。

我们哪里做错了？只有未来才能告诉我们答案。舒需要锐步做的，就是为他供应能满足他需求的产品。可若要做到这一点，锐步需要生产并存储大量成品或者原材料。

又接受了几次教训后，我终于意识到，这事根本行不通。不管是舒还是锐步，都没有足够的融资能力。锐步将自身定位为英国性能领先的品牌之一，就像之前的福斯特品牌一样，我们在一个突然成为主流的小市场中占有一席之地。我们的品牌有市场需求度，但我却没能明白自己需要做什么。我面对过充满激情的个人、跑者、有野心的好人，但没有一个人有经验，更重要的是，没有一个人有足够的资金能让我们实现目标。

我没有意识到的是，我们处于一个仍在"成长"的行业中，这个行业的规模正变得越来越大。作为一个小品牌，我们不可能大量生产每一款产品并储存，再坐等零售订单，或者说这种做法性价比不高。这是我慢慢学到的一个教训：如果锐步想成功，我们必须更大胆，可我又不知道怎么才能实现"大胆"的目标。我还意识到，当资金需求远超舒和我的能力时，成为一个"大品牌"极其困难。我们根本不属于那一档的品牌。但有一件事我是不会做的，那就是放弃。我得想办法找到另一条路。

我对舒发誓，我会把他的要求摆在第一位。离开时，舒的心态也变得略微积极了一些——至少舒接下来寄给我的四封信让我产生了这种想法。

在之后的几个月里，我总是抽出时间尽快回复他，杰夫也仔细检查我们发送的货物。舒终于开心了，他开心了一段时间。他在一封信里写道："局面改善的方式让我非常高兴。在我的记忆中，这甚至可能是我第一次没有怨言！"

但慢慢地，其他业务开始要求我投入全部精力，我对舒的要求的关注开始减少。我心里一直都知道，舒的怒火很快就会再现。向来如此！

SHOE MAKER

第 18 章

父亲，死亡和一个新的分销商

有曝光就是好曝光，这种说法并不总是对的，特别是当被曝光的是糟糕的商业行为时。有时，你的名誉会遭受永久损害。对我们来说幸运的是，虽然锐步在劳伦斯体育覆灭的故事中被人提起，但事实证明，这给我们带来了意料之外的积极结果。

Carter Pocock 公司是一个总部位于伦敦的体育商品批发商，他们代理的品牌之一是邓禄普 Green Flash。自从劳伦斯体育崩盘导致我们出现在商业出版物上后，他们就在关注我们。他们并没有把我们看作有罪的同伙，而是从不同角度看待我们。这家公司的管理层认为，我们一定是个值得关注的品牌，才能和当时广受尊重的公司合作。

在规模不断扩大的路跑市场中，锐步是唯一一个拥有一定信誉度的英国运动鞋厂家。在这个关键的时间点，我们的品牌名称之所以被广泛传播，就是因为只要提到劳伦斯体育失败的新闻里都会提到我们。若要说什么是糟糕局面转变为适时好运，这就是完美案例。

这家伦敦公司需要跟上潮流，他们认为，和涉足这一领域的唯一一家英国公司合作有益于公司发展。他们用一通电话联系了我们，打来电话的是 Carter Pocock 公司的营销主管莱恩·甘利（Len Ganley），他问我是否有兴趣讨论锐步在英国的分销问题。

不过，因为劳伦斯体育的经历，而且应对舒也在一定程度上起了作用，现在的我更有经验，知道我们对分销商有什么要求。我们不只是让某一个人负责向大范围的观众推销全部产品，我们也需要投入资金，需要广告预算。

我需要做一些研究。我知道 Carter Pocock 公司做得更多的是批发，而不是分销，所以如果要跟莱恩见面，我需要提出正确的问题。英国市场占据了我们85%的业务，我要再次做出这么重大的承诺吗？我决定，至少和莱恩在他们位于伦敦大象城堡（Elephant and Castle）附近的办公场地见一面，我不会有任何损失。

看到的景象和听到的话都让我很高兴。他们拥有为数众多的销售代表且遍布全国，这意味着我们的产品可以获得大量的曝光。我们也可以指定一个专门负责锐步的品牌经理，此外，他们愿意从销售锐步产品的营收中拿出 5% 用作市场营销预算。我思考了一下，然后本着骑士般的乐观主义，我们握手达成协议，文书工作则交给了我可靠的法律顾问德里克·沃勒。

我很谨慎，但我觉得自己已经从过往的灾难中学到了足够多的经验和教训，足以让自己发现任何可能导致我们的销售陷入停滞的警告信号，至少我希望自己已经学到了足够多的知识。

我需要密切关注分销机制，所以在每周五的凌晨四点，我都会从博尔顿开车去伦敦，监督他们的销售并了解未来的订单情况。我还要确保他们继续投入承诺给锐步的资源，同时寻找是否存在可能危害生产链的信号。然后，我会坐上自己的车，驱车四个小时在晚上回到博尔顿，在构思提高销量、提升品牌在英国的知名度的新创意，以及处理人在美国的舒发来的信件和电报订单之间，我忙得团团转。

周末不用开车去南部时，琼和我会带着凯和大卫去湖区，那时我的父母在温德米尔湖（Lake Windermere）有一辆大篷车和一艘小船，或者我们和琼的父母一起去布莱克浦或南港的海边游玩。

那时，我和父亲的关系已经恢复正常，在湖区时我们在一起相处，或者偶尔去酒吧，但我们彼此之间几乎无话可说。他还在博尔顿的莫宁顿路上经营着一家小型体育用品商店，我偶尔去拜访时，我们只会很肤浅地聊聊生意，但我明白，有一个话题最好不要触及。只要提到福斯特公司，我能从父亲下巴肌肉的紧绷程度和嘴唇略微弯曲的弧线中看出，他的敌意并没有完全消散。

他心里仍有怨气，这事很让人遗憾。假设琼和我能够多跟我的父母在一起，而不是更多地陪伴她的父母，也许情况就会不一样。谁知道呢？我猜自己心里希望父亲对锐步更感兴趣，可这意味着让他对我也更感兴趣。作为一个 68 岁的老人，他怎么会突然改变一辈子的习惯呢？

他的身体不太好，前一年已经经历过一次小型的心脏病发作，心怀这样的怨恨无益于减轻他的压力。所以有一天早上，母亲打来电话说父亲在前一天晚上心脏骤停时，我并没有感到特别意外。可这一次，却是致命的心脏病发作。

就像我总觉得自己是父亲的累赘一样，他在那时去世变成了其他家庭成员的累赘，这颇具讽刺意味。我们的小弟弟约翰的婚礼定在了五天后。我们已经请好了礼宾人员，买好了服装，为婚礼场地预付了费用，也安排好了配餐服务。即便父亲去世，但母亲还是坚持举行婚礼。在婚礼结束的两天后，我、琼、凯、大卫，再加上杰夫、约翰和剩余的家庭成员一起来到博尔顿火葬场向父亲道别，每个人都心情沉郁，想着自己的事情。

　　坐在我们旁边椅子上的凯和大卫面无表情地看着眼前的一切，他们和我父母相处的时间都不多。我母亲没有表达出让他们留在身边的任何兴趣，她既没有想到为琼和我减轻负担，也不想做一个宠爱孩子的祖母。"在你长大的过程中从来没人帮过我，"她多次这样对我说，"所以你为什么需要人帮忙？"不过，父亲即便没有表现出来，但他还是惦记着自己的孙女。他给自己在湖区的小船起名为"凯"。

　　尽管父亲的去世让我很难过，但母亲比我更难过。父亲和我的关系从来就不亲密，我们之间从未有关强烈的感情联结。这是一种我已经习惯了的关系，有点像一个人和自己很少见面的叔叔之间的关系。你知道他们是家人，但他们对你的生活没什么影响。这是一种我适应的方式，是一种我父亲适应的方式，可能也是祖父乔曾经用过的方式。现在，父亲去世了，而这无论是对我的情绪还是思维方式都没有造成重大影响。这只是一件让我母亲感到痛苦的事。她失去了自己的人生伴侣，而我失去了证明"他错了"的机会。生活还会照常进行，生意也会照常进行。

　　1976 年年末，也就是我们与 Carter Pocock 公司的合作已经进行了 24 个月时，我们对彼此完全建立起了信心，所以他们询问是否愿意扩充我们之间的协议。他们希望将一系列服装加入分销协议。这当然是好事，因为锐步能赚到更多钱，但这也要求我投入更多精力，而我的精力完全不够用。

　　我自然懂得参与这项业务的逻辑和潜在收益，尤其考虑到我曾经有过 Leatherflair 的经历，可参与这个项目会让我进一步远离自己打开美国市场的首要目标。经过深入讨论后，我们同意，更好的办法是另外签订一份授权协议，将生产外包出去。

Carter Pocock 公司任命了一位服装产品经理，即公司老板的女儿克里斯蒂娜·波科克（Christine Pocock），她的工作是监管整条生产线。因此，理论上说，她能减少我的工作负担。然而现实却不是这么回事。外部生产商必须获得授权才能使用锐步的名称和商标，而这需要由我批准。为了保护锐步品牌，我也需要认可服装线上的每一款产品。实现上述目标的唯一办法就是提高我去英国南部的频率，所以原本两周一次的周五凌晨四点开车去伦敦变成了每周一次。

由于周末需要出门旅行，我经常因为太过疲劳而不能在周五或周六晚上和朋友一起去本地酒吧，我更愿意把时间用在整理花园上，或者完成琼在上一周列出的待办事项、购买杂货塞满冰箱。这样的独处时间能让我的身体获得些微放松，可我的大脑还在全速运转，我想的全是锐步，我想解开舒和他在美国的产品销量极度有限的难题。

琼很支持我，她知道我需要时间独处才能思考。她知道我们的远大目标，也知道我需要付出多少努力才能实现目标。看到我陷入沉思时，她会独自带着 9 岁的大卫和 15 岁的凯出门。我在周末的思考时间对锐步的发展至关重要，但我牺牲了和家人相处的时间，我的做法意味着琼和孩子受到的伤害最多。

毋庸置疑，我一门心思想着生意，这消耗了我醒着时的每一分钟，甚至在我睡着时也是如此。我不是在为自己的行为辩护；只是因为公司发展了，而且还在继续发展，现实就是这样。我要应对的工作太多，如果失去专注，哪怕只有一秒，我都害怕局势崩盘。我已经成为自己不断成功的囚徒，这对任何正在上升期的创业者来说都很危险。

有鉴于劳伦斯体育的经历，现在我们自然应该把生产与销售分开。在我们的律师德里克·沃勒的帮助下，我成立了一家新公司，也就是锐步国际有限公司（Reebok International Limited）。除了保护工厂外，我觉得这个名字更大气、更有影响力，足以用来完成我们频率越来越高的在海外寻找分销渠道的任务。

我知道舒在资源有限的情况下已经尽力了，可我们好像没取得任何进展。他给人的感觉就是一个偶尔需要补充订单的进口商，但稍微遇到点挫折他就会完蛋。我又一次把他的需求排在了最后，不出意外，他言辞激烈的信件也再次源源不断地出现了。他仿佛知道我什么时候松了油门，即便只是小小地松了一下。

他最后一次抱怨的是我们没有产品目录。"你们应该是唯一一个没有对产品做出任何文字描述的制造商了。"他在一封信里合理地抱怨道，这封信特别长。"我跟你说过要准备产品手册，"他继续写道，"但深入思考后，我觉得这是你的责任，不是我的。我想到了去年我们在照片和插图上花的 200 美元，但一个月后我发现，我们在照片里用的大部分模特不是落选就是被换掉了。我不准备再花那么多时间和金钱了。"

他在其中一封信里的最后一句话，却触到了我的痛处："乔，只做出一双好鞋、坐等世界上门，这是远远不够的……"他重复了我在为父亲和比尔工作时藏在心里的不满情绪。因为负责的人拖延不前导致无法快速前进，现在的舒不就像 20 世纪 50 年代那个郁郁不得志的我吗？

这开始让我思考，父亲是真的不想扩大公司规模，还是像我一样，总要把时间和精力用在维持生意的现有水平上，导致没有时间去推动公司继续发展。也许我看错了他。不管怎么说，我不会掉入同一个陷阱。我知道美国的市场有多大，这是在提醒我不要分心，即便这意味着我要迎合舒提出的要求。他是我们那时唯一的希望。没有我的支持，不管是他还是我都没有机会在美国搭建遍及全国的分销网络。我再次写信向他道歉，承诺自己会支持他，只不过这一次我是真心的。

我向舒承诺，他仍是我们在美国的独家分销商，任何来自他所在的美国东北地区发给我的询价，我都会转交给他。我告诉他，对于上述区域之外的经销商，我会给他们和我直接交易的选择，但产品的价格比舒的价格高 25%。我承诺的营销推广策略包括直接向运动员和学校推销，以及由我出钱在英国的《运动周刊》(*Athletics Weekly*)和美国的《跑者世界》上定期做广告，但舒需要为他自己的广告出钱。他看起来很高兴，我们两人都做好了"重新开始"的准备。

随着公司在英国的现金流情况不断改善，我还承担了一个塑造形象的项目，用打印出的聚乙烯鞋袋、展示用广告素材、新设计的鞋签和印刷出的传单展示我们的产品。我对公司打入美国市场的信心大大提高。我知道，有了这种焕然一新的活力与努力，实现目标肯定只是时间问题。

SHOE MAKER

THE UNTOLD STORY OF THE BRITISH
FAMILY FIRM THAT BECAME A
GLOBAL BRAND

第 19 章

回到原点

舒还在四处拜访，在美国市场宣传锐步品牌，但很显然，随着时间从月变为年，我们仍然没有取得太大进展。虎牌在美国有五个分销商，阿迪达斯有四个，甚至连布鲁克斯（Brooks）这样的小品牌都有两个分销商。如果真想在美国市场做出点影响力，我们需要更多的分销商，让两倍，甚至三倍于现有数量的鞋运往大西洋彼岸。这需要花钱做广告，要从我们本就不够用的现金里挖走一大块。此外，我们仍然需要分销商打开大门，让新的经销商对我们这个不知名的品牌做出承诺。我们已经看到，说服经销商入手消费者还不了解的运动鞋难度究竟有多大。事实上，在接触经销商的一个月前，舒就开始让"消费者"给商店打电话为一个品牌说好话。

但我认为，我们可以在美国设立锐步国际有限公司，好让我们在美国拥有可以作为根据地的地方。如果锐步英国公司想获得 100% 的所有权，我们就需要立刻注资。这事从一开始就注定失败，我们没有那么多钱。

所以我告诉舒，要么我寻找更多的分销商，要么选择更好的办法，由他、杰夫和我共同成立锐步国际美国公司（Reebok International USA），一起做老板。我解释了后一种选择的诸多优势："这能为你、为锐步英国公司和工厂带来营销安全感。我们不需要以其他公司的名义通过经销商小规模地进行销售。我们可以直接以锐步的名义进入学校、俱乐部和门店，也可以通过邮购获得订单。"

舒对此很感兴趣，我从他在电话另一端的沉默中可以感觉出来。舒很少沉默。他对任何事都会立刻做出回应，他会对绝大多数观点提出反驳。

"我们所遇到的和广告、产品目录以及打入更多市场有关的问题，全部都能解决。"我继续说道。这三项业务将全部由美国的舒负责，他不需要听我的意见——我也不会在这方面出钱。"我们齐心协力，只用一个名字。你觉得怎么样？这样的合作关系行不行？"

电话里又是一阵沉默。我开始觉得自己的好运要来了，舒会愿意参与。把我们的所有资源集中在一起，更重要的是把资金集中在一起，这似乎是唯一的办法。然后，我们才会迎来不可避免的挑战，或者说，应该是多个挑战。我们未来要面对的难题很多。

"没有多少分销商能忍受你的伎俩，乔，"他开始说话了，"到现在我已经在营销行业干了18年。很多时候，因为发货错误、鞋有缺陷或者不得不等待七个月，分销商或者进口商完全有理由截留给你的货款。没错，是七个月，乔，就为了得到你该给我的2 000美元。"

我想平息他的怒火，但他还在继续指责我。

"有多少人愿意付出时间和精力，而且自掏腰包，重新包装300双残次品寄回工厂？还有谁愿意费尽周折在130多双鞋上印上'英国制造'的字样，就因为杰夫或者你们工厂里的什么人忘了？"

不能否认，我确实让舒面对过一些困难局面，大部分源自我的行为，但我从来没保证过这是份轻松的工作。我们仍是一家刚刚"起飞"的公司，能飞多远就飞多远。他以为会怎么样呢？耐克也经历过类似无法预见的挫折，他们也不是一帆风顺就成为行业老大的。"我们是先驱，"我对舒说，"要探索新领域，我们必须预见不可预见的事。耐克犯过错，但他们走到那一步了，看看他们现在的样子。"

"耐克花几万，也许几十万美元打广告，去预售他们的产品，"他争论道，"那才是他们拥有现在的地位的原因。"

看起来，我误解了舒的沉默。也许他最初没有发声，只是震惊于我居然脸皮厚到敢做出那样的提议。这些对话显然给人一种他受够了一切的感觉。如果真是这样，那就该结束这段对话了。除了向一个并没有做多少分销工作的分销商证明自己外，我还有无数工作要做。"那么，我的理解是你没兴趣了？"

"如果我觉得自己能获益，那我自然对合作有兴趣。但局面、大环境必须合适，而这大概需要一年才能实现。"

他随后列出了加入合伙的条件，其中包括有一条经过市场检验且稳定的运动鞋生产线。过去几年里，我们确实开发又放弃了很多款运动鞋。我们需要把精力放在较小的产品范围里。舒还坚称要继续做广告、做营销活动，还要有更吸引人的产品目录。他想让我一个人承担全部成本。

"我想的是合资经营。"我强调了"合资"二字。

"其他生产商都掏钱做营销和展示广告，"他说，"他们都负担成本，并在广告中列出经销商或分销商。"

他提出了更多的"基本"要求，例如，工厂需要提高质量管理水平，产品价格要更稳定，以及需要更多人制作样品鞋供知名运动员和教练使用。我知道我们需要做这些事，但我一次能处理的工作是有限的。我们的产品在英国的销量正在迅速提高，面对阿迪达斯和其他品牌，我们正在取得进展。在大西洋这一侧的成功让我相信，我们做对了；可我对美国了解得越多，我就越意识到，在英国有用的策略在美国不一定有效。那是一个完全不同的赛场，而我尚未了解全部规则，这也是我需要舒这种人的原因。

我们在这个问题上的讨论一直延续到 1976 年的圣诞节。我很想找到方法促成这件事。舒是个好人，诚实又忠诚。我需要他，我在美国没有其他人可用。

我们同意新年时再讨论一次，但归根结底，做决定的是我。我对合资经营也心存疑虑。对杰夫和我来说，保留完全控制权至关重要，另外我也知道，舒没有必要的资源。他在单打独斗，在自家地下室办公，没有额外可用的资金用于仓储和分销。相反，我们达成了一份新协议，或多或少以此维持了现状；也就是说，广告成本仍然由我负担。我还决定，为了缓解我们的现金流，舒只要下订单就要向我们付款，他不能用信用证延期支付。除此之外，我还告诉他，我会在美国境内再寻找四个分销商，但在找到这些分销商之前，我在《跑者世界》的前三页半做广告时，仍会把舒当作我们的独家分销商。

尽管在面对新的分销商时我们仍然遇到了常见的问题——主要是把鞋送到他们手上，但我们的广告宣传，加上《跑者世界》的编辑推荐，依然在美国引起了人们的兴趣，我们的产品销量开始提高。看到产品需求量上涨后，舒来问我能否扩大他的职权，让他负责全美的分销业务。我在这件事上认真思考了很久。我喜欢舒，但我知道他缺少在全美运营所需的资金。我觉得自己直接面对其他分销商、让舒做协调人是更好的选择。

就像带更多人入局一样，这种做法最终带来了更多的麻烦，反而没能解决多少问题。如果我觉得处理舒一个人的信件和订单已经很头疼了，那么与多个热情的进口商的持续沟通仿佛就是源源不断的噪音。区域争端需要靠仲裁解决，而时刻关注相同定价本身几乎成了份全职工作。

有一次，我抓住了一个自动出现在阿克宁顿的机会，这个地方距离我们在贝里的工厂只有 10 英里（约 16 千米）。一个前来拜访自己母亲的年轻美国女性打来电话，询问她能否带几双运动鞋回加利福尼亚州给自己和男朋友穿。经过一次长时间的对话后，我了解到她其实住在洛杉矶（Los Angeles）。我发现了一个突破口。

我第一次开始考虑给《跑者世界》的编辑乔·亨德森（Joe Henderson）送一些样品，用于他们的鞋类影响力评估，可与美国的分销商联络带来的额外工作导致这个想法很快就被我遗忘了，我一直没时间寄送运动鞋。寄鞋的截止日期临近，我很确定，即便现在我寄出运动鞋，我也无法保证这些鞋能按时送到。那位女士友善地同意帮我们把样品带回加利福尼亚州，再把鞋送到乔的办公室。

随后，舒收到了《跑者世界》寄来的一封信，确认从他们认为是锐步新的西海岸分销商的一个人那里收到了鞋。那个人其实是那位女士的男朋友，他只是帮了我们一个忙，但舒却认为我们没有通知他就在加利福尼亚州聘用了另一个分销商。他气坏了。

除此之外，为了支持从东海岸到西海岸每一个区域的宣传活动，我们的广告支出暴涨。只有阿迪达斯在向运动员推销方面比我们的支出更多。我也严重不满美国的关税，再加上杰夫说我们和彪马出现了新的商标权纠纷，彪马声称我们的条状设计和他们的过于相似。

我仿佛在接受考验，考验我到底能承受多少压力。杰夫在尽全力减轻我的负担，但绝大多数问题都需要我去解决。我居然创造出了一个完美且持续不断的压力环。更多的广告引来了更多感兴趣的分销商，他们在带来更多销量前却带来了更多的工作和难题。事情已经发展到我觉得自己的工作更像是灭火，而不是生产，而且每次扑灭火苗后，我的身后就会出现另一团火。

我不再有时间、金钱和耐心去管理分销商。其中一人不再与我们联系，还欠了我们公司大约 10 000 美元；另一个人没有提前通知便退出合作。我取消了在《跑者世界》上的所有广告，向舒提出把美国的所有分销工作都交给他，但前提条件是他要负责从定价到广告的所有工作。

从舒的角度出发，他觉得自己是在没有我们的帮助下销售我们的运动鞋。这确实和事实相差不多。很显然，我没有资源打开美国市场。如果舒想尝试，愿意使用我们的产品，但要用他自己的钱，我们当然欢迎他这么做，但他并没有这么选择。1977 年 12 月，在经过五年的尝试后，我们终止了美国的业务。在打开美国市场这个问题上，我们基本上回到了原点。

SHOE MAKER

THE UNTOLD STORY OF THE BRITISH FAMILY FIRM THAT BECAME A GLOBAL BRAND

第 20 章

命中注定

我始终不能理解 NSGA 展销会为什么安排在 2 月的芝加哥。我猜原因可能是大部分体育零售商的总部都在美国东北地区，去芝加哥比较方便。可在美国，在那个时间，很少有比芝加哥更不适合举办国际展销会的城市了。这个城市总是寒风彻骨，而且经常出现暴风雪天气。我怀疑没有一个代理人愿意拖着大量样品，前往绰号"风城"的芝加哥参加世界上规模最大的体育展销会。

自然而然，这样的天气为展销商带来了众多挑战，这些人只希望自己在旅行中不会遇到任何麻烦，他们只想在一个温暖的大厅里设置好展位，达成大量新协议，然后赶紧回家。而我参加芝加哥展销会几乎总会遇到闹剧。

1977 年参加展销会时，送我回酒店的大巴因为堵车而停在了路上，车窗上的雨刮器很难清理司机前方车窗上的雪。在半个小时的时间里，我和车上的其他乘客沉默地坐着，看着风吹起雪，砸在前方停止不动的汽车车轮上。很显然，我们短时间内去不了任何地方。司机终于站起来，表示车不可能继续开下去。车门发出嘶嘶声，随后被打开，他做出让我们下车的手势。

我在暴风雪中狂奔，跑进了最近的一家酒店的大堂，询问行李搬运工这里距离我的酒店还有多远。这段距离太远，不适合步行，特别是在当时零下 15 摄氏度的环境中。透过酒店满是水蒸气的窗户，我看到一辆出租车停在门外，之前一起坐大巴的一个人跳上了车。根据他的行李大小，我猜他是参加展销会的代理。我决定试着加入他，毕竟我们都是做体育用品的人。

我立起羊皮夹克的领子，跑着通过旋转门进入冰天雪地，却眼看着他的出租车开走。就在我站在原地看着另一边路上正在堵车时，另一辆出租车停了下来，下来一群日本商人。他们堵住了我的路，我想上出租车，他们却在不停鞠躬。我拿当时的环境开了个玩笑，但出租车司机完全没心情搭理我。等我终于回到酒店温暖的房间打开电视后，我才明白为什么当天的交通会如此混乱。电视屏幕上，被碾压的残骸边到处闪烁着急救车和消防车的灯光。一个面色阴沉的新闻记者描述了架设在空中的环形地铁列车如何因为糟糕的天气脱轨。到第二天早上，一共有 11 人因为脱轨事故死亡，另有超过 180 人受伤。2 月的芝加哥不只是挑战，2 月的芝加哥称得上生存之战。

这个展销会每三年休息一次，但不知道出于什么原因，展销会地址改到了休斯敦。每年的时间不变，但环境变好了很多。这应该能减少参加展销会时的麻烦事，而且对大多数与会者来说可能的确如此，但对我来说不是，我的 NSGA 之旅似乎被诅咒了，无论主办城市是哪里。

第一次去休斯敦时，我的第二段航班——从纽约的肯尼迪机场到得克萨斯州——在我刚刚办完登机后因为大雾取消了。工作人员明确告诉我，我装满展销会必需品的行李箱将通过下一班飞机运到休斯敦，我选择了一趟夜间航班，抵达目的地前这个航班在中途至少需要停五次。我希望，当航班终于抵达休斯敦时，大雾能够散去。

尽管睡眠不足，但我的精神仍然振奋——这得感谢飞机上的酒精——我们的飞机终于开始向休斯敦降落。五分钟后，飞机开始在休斯敦上空上升，机长宣布机场的大雾仍然浓重，我们将返回达拉斯 - 沃思堡（Dallas-Fort Worth）。

坐在机场候机厅里，我看了看自己的手表。这个时间，我本该开始设置展位了。我失去了宝贵的时间。两小时后，在得知可见度糟糕的情况有所改善后，我再次登上了飞机。

大雾天气状况确实有所改善，但休斯敦机场的行李大厅却是一番灾难般的场景。这个机场已经关闭了 72 小时，送到机场的行李都是错的。由于无人认领，所有行李箱都被扔到大厅中间，形成一座大约六米高的小山。你如何才能找到自己的行李呢？

我加入到一群在行李山中寻找行李的绝望旅客中。幸运的是，由于黑色皮制表面上配有粗体的白色锐步字样，我的四件行李很容易辨认。我抓起箱子奔向出口。

坐上不停地把参加 NSGA 展销会的人送往酒店的摆渡车，我把自己艰难的旅行经历分享给了司机。他听着我的故事，车在市中心穿梭时，他适时地点头、皱眉。等我下车时，他愉快地向我道别，然后拉起裤腿，露出了一把手枪。"你们以后要小心了，明白吗？"

在我感到极度焦虑时，我听到了英国代表团还有一半人没有抵达 Astrodome 展厅的消息，他们大概还在行李山中寻找自己带来的样品。

接下来一年的休斯敦展销会进行得也不顺利。在英国时，我在罕见的休息时间里，在预计参加 NSGA 展销会的四天前因为打羽毛球而撕裂了跟腱。但我不想错过展销会，经过一个朋友的朋友进行的紧急治疗，我一条腿打着石膏，双臂夹着拐杖登上了前往得克萨斯州的飞机。

在展销会上，尽管大部分时间我都在一瘸一拐地参加各种会议，但我和几个人还是进行了一些有趣的交流，其中一个人是布莱恩·弗内（Brian Fernee），作为移居美国的外国人，他已经在洛杉矶设立了三家广播电台。他渴望与我合作，吃午饭时他提出了一个计划，他想设立一家新公司——California Runner，去接管我们在美国的分销业务。他显然很懂自己的业务，而且很有"加州特色"，说服力极强。我找到属于自己的白衣骑士了吗？

回到家，杰夫和我花了几个月的时间，研发了一款我们命名为"California Runner"的鞋。我们觉得，一双特别的入门款跑鞋能帮到布莱恩。随后，我又花了几个月时间待在洛杉矶，协助布莱恩启动计划。我甚至还加入了美国的福利保障体系，布莱恩说这对我未来移民美国有用。当时我并没有考虑这件事，但谁知道未来会怎么样呢？到目前为止，我已经将一大笔钱投入到准备工作中，在英国和美国之间往返，而且利用我们的生产资源为他设计启动公司的第一双鞋。一切准备就绪，西海岸分销计划看起来很美好。事实证明，我既没有移民，布莱恩的公司也没能成功。尽管我投入了时间和资金，可这个项目几乎刚开始就失败了。布莱恩是个好人，是个跑者。他也很有热情，可他没有任何分销经验。就像我的跟腱一样，我在美国取得成功的梦想再次破灭了。

SHOE MAKER

THE UNTOLD STORY OF THE BRITISH FAMILY FIRM THAT BECAME A GLOBAL BRAND

第 21 章

寻找救火队员

▼

就像很多故事、寓言和民间传说中的征途一样，你在曲折道路上前进时总会遇到看门人，这些人掌握着能让你继续前往命运之地的门钥匙。没有这些人，路就成了永远没有终点的圆环，就像一个没有出口的环岛。对行走在这段旅程上的主人公来说，尽管会遇到很多人，但他们不知道谁拥有这些钥匙。他们不知道那些人的长相，也不知道那些人在哪里。相遇通常靠的是命运——或者说，靠的是好运。

可即便在那个时候，他们也不知道自己面对的是不是错误的向导，这些人尽管心怀好意，却把他们引上了错误的道路。路上有数不清的障碍，可能让主人公误入歧途，所以当一切按部就班、下一扇门打开时，都算得上小小的奇迹。

找到正确的钥匙持有人只有一个办法，那就是让自己尽可能多地进入不同的环境，尽可能多地见到各种各样的人。构建人际关系网可以是个数字游戏。有时你很幸运，短短几分钟就能在正确的时间遇到正确的人，有时可能需要几年时间。但你必须相信看门人就在某个地方等着你，而你的工作就是找到他。

我第一次见保罗·法尔曼是在 1979 年的芝加哥 NSGA 展销会上。当时的我不可能知道，在那一年有数千名商人参与的展销会上聚集在一起的看似不那么重要的陌生人，却是推动命运之轮转动所需的一切，而这将会改变我的命运，最终也改变了未来几十年运动服装的全球格局。

保罗跟随他所在的波士顿露营公司（Boston Camping）参加了展销会，而我又一次作为英国贸易委员会代表团的成员参与其中。英国的 400 米赛跑明星大卫·詹金斯（David Jenkins）是我们团队的一员，他把保罗带到我的展位并做了引荐。保罗长着一张娃娃脸，举止很安静，我从他魁梧的身形上可以看出，他不是练跑步的人。保罗是个很容易交流的人，我们聊了半个多小时，我在聊天过程中发现，他是个大学辍学生，并且有意成为职业高尔夫选手。

我们的对话很有意思，虽然没有实际作用，但我内心深处觉得，我们的闲聊不只是商业客套。保罗对这个市场、对我们真的很感兴趣。从他提出的问题我可以明显看出，他很聪明，而且很真诚地表现出对锐步和我们的市场感兴趣。不过，他主营的是户外探险，不是运动服装，而且他在分销问题上的经验局限于美国的一个地区，即东北地区。可当我看着他消失在人群中时，我心里有了一种想法。这个想法让我离开自己的展位追上他，我建议我们再次见面，我有一个创意。其实我并没有想到什么，但我就是有一种感觉，再次见面也许能带来一些好结果。我们决定在来年春天，在他位于波士顿的办公室和陈列厅安排一次会议。

尽管我们仍然没能在 NSGA 展销会上获得订单，但我们绝对引起了外界的兴趣。可是，我们在美国缺少永久性机构的状态，却一直是发展路上的绊脚石，直到现在情况才开始改变。我所参加的会议、获得的引荐，对方一般都是中小规模的零售商，所以当凯马特公司（Kmart）[1]的一名高管拜访我们的展位，并且真心对我们的产品感到好奇时，我吃了一惊。他提了几个问题，查看了我们的样品，然后提出与我们开会讨论。凯马特想见我。是凯马特啊！

我当然可以在返回英国后与凯马特高管和保罗·法尔曼进行电话会议，这肯定比往返于大西洋两岸要便宜得多，可这两次会面都有可能成为锐步发展过程中的重大转折点。和凯马特达成协议将具有重大意义。但和保罗呢？我不确定，但直觉告诉我，也许我遇到了另一个看门人。我需要展现出自己的投入力度，我也想看看他们对于与锐步合作到底愿意付出多少，而实现这个目标的唯一办法，就是面对面会谈。

1979 年 5 月，我登上英国航空公司的一架横跨大西洋的航班，再次以美国为目的地。这是我那一年四次前往美国的第二次。我需要满足自己对保罗·法尔曼的好奇心，并希望能与凯马特敲定一份能够改变人生的协议。保罗很感兴趣，这一点毋庸置疑，而且我有一种预感，他能搭建我们所需的桥梁，但这只是我的直觉，仅此而已。

发动机响起轰鸣声，飞机开始在跑道上移动。我闭上眼睛，幻想着这次旅行能让我梦想成真，当我穿过曼彻斯特的云层回到英国时，我们不仅拥有分销商，还能成为美国著名连锁商店之一的供货商。如

---

[1] 凯马特堪称现代超市型零售企业的鼻祖，是继沃尔玛（Walmart）和塔吉特（Target）之后世界第三大零售商，也是美国著名的折扣零售商。——译者注

果真能如此，限制锐步取得成功的玻璃天花板就会被彻底打碎。

我的第一段旅程是前往底特律，在那里，我和凯马特总部的一个采购员预约了一次会面。在豪华的接待区里，一个年轻的女孩指着停车场对面一栋没什么特点的建筑物，它看起来就像一个标准仓库。"从旁边的绿门进去，找到 F 排 35 号桌。祝你一天顺利。"她微笑着说。她有一口漂亮的牙，眼睛闪着光，她的一切看起来都那么整洁无暇，但却缺少个性。

我又看了看仓库，然后微笑着对她说："在那边？"

她点了点头，仍然微笑着说："F 排，35 号。"她把这些信息写在了一张黄色的便签纸上递给我，她的手指很细，指甲上涂着红色的指甲油。我觉得这些指甲也是假的。

绿门的另一边确实给人仓库的感觉。大量办公桌整齐地排列成行，一直排到了远处。每张桌子上都放着一模一样的办公用具——白色的塑料盒和笔筒，灰色的金属书挡之间整齐地排列着蓝红色的活页簿。每张办公桌边都坐着一个身穿西装的男人或女人，他们要么在打电话，要么飞速地敲着打字机。我低头看了看便签，接着抬头看了看从高高的假天花板垂下的链条上挂着的白色方纸上的黑色粗体字。

走到 F 排后，我右转走向 35 号桌。采购员示意我坐下，他要先打完一个电话。我环顾四周，无比震惊。我从来没见过这样的场景，这么简陋，这么冷淡，仿佛公司版的鸡笼。

他注意到我的目光，微笑着说："这样节省空间，而且看起来效果挺不错。"我们先是和往常一样闲聊了一会儿，非常肤浅地你来我往了一番，然后才进入正题。

"我们喜欢你的产品，第一份订单我们需要至少 25 000 双鞋，"

他停顿了一下，继续和我保持眼神接触，"但你的价位太高了。"

我无视他对价格的评价，更让我担心的是产品的需求量，而价格是可以协商的。"25 000 双？"我重复了一遍，试图保持镇定。

"没错，这只是第一份订单。不要担心，我们第一单的货量通常都比较少。"

我们的小工厂当时一周的产量只有 2 000 双左右。工厂所在地还有其他一些工厂能帮忙，如帕克鞋厂，可就算它们有时间、有空间协助我们完成订单，我们现在也不可能拿出那么多的产品。绝对不可能！

"没问题。"我说。

"价格呢？"

我了解我们的利润情况，但他们愿意支付的价格和能让我们获利的价格之间，差距实在太小了。生产成本导致我们的回旋余地非常小。除此之外，尽管进入凯马特店铺有助于提高我们的曝光度，但他们并不会推广我们的品牌。对他们来说，我们只是他们摆在货架上的一双鞋罢了。

像凯马特这样的零售商，他们在乎的都是每平方米的销售额。如果摆放我们产品的货架利润情况良好，他们就愿意继续下订单，我们在商店里也能维持专属于我们的销售区。如果利润比不上货架上的其他商品，或者不能获得更高利润，他们就不会继续下订单。就算我们找到办法降低了成本，这也不是我们当时需要的协议。这笔协议带来的营收当然有用，但在未来的发展过程中，我们必须找到一个能积极推广我们的品牌的人，而不是一个储藏我们的鞋的人。

耐克的鞋来自远东地区，所以他们已经拥有了相对低廉的成本。

大多数日常用鞋制造商也开始将生产转移到东南亚。我们需要对这方面进行研究。门已经被打开了，我在凯马特就是这种感觉，但锐步显然没有做好走过那扇门的准备……至少现在没有。为了挑战大厂商，我们自己就需要成为大厂商。我们需要准备好生产资源、低成本批量购买力以及高额的信用额。可在那时，我们没有这些资源。

接下来，我前往波士顿，和保罗·法尔曼在他的波士顿露营公司的办公室和展示厅见面。不管是外观还是氛围，这里都和凯马特的办公室截然不同。不考虑规模大小，我立刻就被这家公司的温暖与真实吸引了。这里给人很专业的感觉，与我在凯马特办公室没有一点人性化的体验相去甚远。周围摆满了钓鱼竿和露营炉，保罗先是把我介绍给了他的搭档，也就是他的兄弟和姐夫，接着又介绍了其他员工——一个是销售主管，另外两个是负责行政业务的女孩。

这个办公场地很小，比我想象的小得多，当然也小于保罗在芝加哥和我第一次交谈时对他的"组织"的描述。

我的自尊心因为凯马特而膨胀，我并没有掩饰自己对保罗公司规模有限的失望。尽管可能给人傲慢的印象，但对与我合作提出质疑的，却是保罗。首先，他想去英国看看锐步在路跑活动中到底有多少存在感。此外，《跑者世界》几个月后就要出版新的鞋类测评，所以他和我一样，想看看什么品牌掌握着优势。赢家大概还是耐克，但至少我们可以试一试。

《跑者世界》于 1966 年首次出版，当时使用的名字是《长跑新闻》（*Distance Running News*）。当时的《跑者世界》不过是一份简单的折叠式黑白新闻通讯，三个品牌——耐克、新百伦和虎牌——占据了大部分版面。如今的《跑者世界》是一本彩色的高端杂志，对商家和消费者这两个分列跑步世界两端的群体都有着巨大影响。跑者和零售商把这份杂志当作经典，尤其是在路跑这个细分领域。

《跑者世界》的出版人是鲍勃·安德森（Bob Anderson）。我怀疑鲍勃与曾经在虎牌工作、后来在俄勒冈州（Oregon）创立耐克的菲尔·奈特之间的私人关系，为这两个品牌在当时的急速发展提供了一些帮助，但这本杂志也让其他品牌有机会通过广告以及一年一度的鞋类排名而被更多人看到。

最初，《跑者世界》按照以下流程为运动鞋做出排名：生产商将自家的鞋送到杂志，用于道路测试；每双鞋都会受到严格检查，杂志最终评选出一双排名第一的鞋。读者非常喜欢这样的内容。

然而，由于《跑者世界》的影响力，这个一年一度对产品的认可活动，却为生产商和零售商带来了各种各样的麻烦。任何被投票选为第一的运动鞋都会立刻成为跑者们必须拥有的运动鞋。零售商会立刻从生产商那里尽可能多地订购产品，而生产商不得不改变生产情况，以满足突然出现的市场需求。如果一个品牌拥有自己的工厂，这样的工厂几乎做不到为了满足外界需求而增加产能。从最初对杂志排名的反应到实际进行生产，这之间最长可能会相差六个月。对于耐克这种从日本进口所有产品的公司来说，安排额外的生产、从海外装船运输，这些都会引起不小的麻烦。

一年后，当一款新鞋成为第一名时，零售商只有一箱箱去年排名第一的运动鞋，而生产商又得想尽办法生产更多的鞋。这个问题会一直循环下去，一年一年反复出现。

在收到来自业内人士的大量抱怨后，鲍勃同意改变评选方式，他决定按照一到五星给跑鞋打分，这就让两三款不同类别的鞋能够同时排在第一。这有助于缓解只有一款运动鞋爆火的情况，由更多的跑鞋分享市场供应与需求。

锐步需要位列排行榜的榜首，保罗也需要我们成为排行榜的冠军，或者更确切地说，是一双他可以推广的冠军鞋。可我该怎么做呢？在一个到处都是巨人的赛场上，我们是相对矮小的选手，只有一条小型生产线向少量公司供应产品。此外，我们是局外人，是唯一在《跑者世界》上做广告且被评测的英国运动鞋制造商。我们面对的是重量级更高的对手，可现在我们的出拳必须更狠。是时候了，我们需要走进拳台，出更狠的拳。

但首先，我必须用我们的专业水平、效率和规模给保罗留下深刻印象。我要通过带他去我们在贝里的那家小型红砖工厂实现上述目标。你说，哪里还能出问题呢？

SHOE MAKER

THE UNTOLD STORY OF THE BRITISH
FAMILY FIRM THAT BECAME A
GLOBAL BRAND

第 22 章

等待游戏

抵达工厂时，保罗的心情非常糟糕。他痛恨坐飞机，而且毫不掩饰自己的失望，他对英国夏季没完没了的阴雨、糟糕的服务、听不懂的口音以及他在两天的贝里之旅中遇到的几乎所有人都难掩不满。但最让他失望的，大概是他亲眼看到我们低下的生产能力。他觉得我们定下了远超实力的目标。我知道这是事实，但我猜，就像我们第一次见面时他做的那样，我"美化"了锐步，我夸大了自己的规模、名声和订单量，而他对我们发展进程的期待，显然比现实状态要高不少。但他和我一样，知道这些都是策略。即便银行里的存款数额不支持，你也要宣传自己取得了成功。

　　不过，有一个环节确实给保罗留下了深刻印象，那就是在我们参加的三个路跑活动中，锐步都有着极强的存在感。站在那里看着运动员排队起跑时，我从他上挑的眉头和连续点头的动作可以看出他注意到了眼前的景象。多亏了之前运动俱乐部代理人的招募方案，锐步现在无处不在，既在运动背心上，也在从我们眼前跑过的跑者的脚上。每一场比赛的第一名脚上穿的都是锐步的运动鞋，这更是让他印象深刻。不过这并非巧合。我经过谨慎衡量才选择了这三场比赛，谁能赢得比赛胜利几乎都是确定的。

　　然而，这些对保罗来说仍然不够，他现在能看出，尽管我们在英国本土的路跑赛事中占有一席之地，但我们没有足够的筹码在美国打出名声。我们仍是一家英国的小公司，在美国根本无人知晓。只有一件事能带来足够的兴奋感，可以激发美国零售商的兴趣，而我们需要再等四周，等到《跑者世界》发布评选结果。我送他去曼彻斯特机场，保罗送给我这样一句道别语："给我一双五星的鞋，我就加入。"

　　我们已经在《跑者世界》上登了多年的广告，但只在过去两年送鞋参加评选。锐步在这两次评选里都没有被提及。耐克统治了排名，排在耐克后面的分别是布鲁克斯、索康尼（Saucony）、艾通尼克（Etonic）和新百伦。可现在的感觉不一样了。我对一款新鞋很有信心，我们为一个目标、专为一件事设计了这款鞋，我们的目标就是在《跑者世界》的评选中排在榜首。

　　这就是 20 世纪 70 年代末《跑者世界》这份杂志的分量，一本杂志就能决定美国市场想要什么鞋。过去三年，我一直在研究得分高的运动鞋。只要我们能制造出缓冲柔软、材料轻质、鞋底耐磨且灵活性强的运动鞋，我们就有机会赢。我心想，我们有的不只是一个机会。

　　创新是关键，但遵循常规也很重要。这是一个很微妙的平衡。这款鞋必须一样，但又要不一样。我的意思是，这款鞋必须满足前面提到的所有要求，但又要使用新的技术，拥有全新的外观。

　　耐克已经多次证明了这一点。《跑者世界》在 1973 年为耐克具有颠覆意义的 Cortez 运动鞋打出了五星评分，这款鞋因此成为耐克这家美国公司的金矿。Cortez 这款运动鞋融合了全部必需的元素，并且额外添加了一个特殊成分，使得所有基础元素都得到提升。以 EVA（乙烯 - 醋酸乙烯酯共聚物）这种全新化合物为基础，耐克开发出灌注了空气的泡沫橡胶鞋底。这种 EVA 中底比橡胶更轻，能够提供更高的灵活性和更强的耐久度，缓震效果也更好。

这次曝光为耐克后续不断推出更具创新性的产品提供了所需的平台，这让他们在接下来的六年里保持着在这个市场上的主导地位。

例如，在 1974 年，耐克推出了 Waffle Trainer 运动鞋。这款鞋具有革命意义的鞋底，其灵感来自公司联合创始人比尔·鲍尔曼（Bill Bowerman）厨房里的华夫饼机压出的图案。有传言说，鲍尔曼在华夫饼机里灌满了液体橡胶，然后他开始加热机器，观察并等待着，这令他的妻子惊愕不已。但他忘记添加防粘剂。结果，原型鞋底和他妻子的华夫饼机都毁了。这只是一个很小的代价。和 Cortez 运动鞋一样，华夫饼鞋底的运动鞋立刻成为畅销款，它那现象级的附着摩擦力和独特的外观不仅为耐克奠定了成功的基础，同时也彻底改变了路跑鞋的构造。

我知道，我们的鞋必须变得更好。耐克的华夫饼鞋底是用一块橡胶制成的，上面模压出均匀分布的凸起方块。当切割成外底形状时，切割边缘会出现正方形的小碎块，并且经常会断裂。

虽然花了一段时间，但我设计出一种外底，可以消除上述凌乱不整齐的情况。无论对于耐克还是我们来说，为不同尺码的鞋分别切割模具的成本都太过高昂，所以我设计了三套能够覆盖所有鞋底尺寸的模具，以及三个用于鞋跟的模具。这样的设计能够让鞋的边缘更光滑，Aztec 运动鞋由此诞生。

Aztec 是我们专攻跑鞋 70 年的巅峰之作。它灵活、轻质、耐用而且舒服。这双尼龙和仿麂皮做成的鞋具备你希望一双运动鞋能拥有的一切特性，同时还增加了我自信能让我们在杂志上获得高评分的额外特性——一个创新性的系带系统和一个倾斜的后底。这也有助于这款鞋的蓝、红、黄配色在视觉上具有吸引力。

我们特意选择了浅蓝色尼龙制作鞋面，因为事实证明，浅蓝色向来是最受运动员喜欢的颜色，紧随其后的是白色。但杰夫已经选择了亮黄色和红色作为条纹的颜色。这个选择很大胆，我以为他做过运动色彩心理或商业设计的市场调研才选择了这个特别的组合，但他没有。他实话实说，"我们厂里就剩这些材料了。"

这是我们送去参加 1979 年《跑者世界》评选的三款鞋之一。我不认为其他两款鞋能获得高评分，但我确实对 Aztec 寄予厚望。现在，我把所有希望都寄托在这款鞋上。如果这款鞋能得到五星，保罗·法尔曼就会对锐步做出承诺，我们就有了撬动市场的杠杆。最后，在往返于大西洋两岸十年后，我们终于可以在美国启动分销。

《跑者世界》当时还未在英国发行，所以在杂志上市的当天早上，我直接去了办公室，打电话给还没睡醒的保罗，让他在杂志上架后尽快买一本。

一小时后，他给我打来电话。"Aztec 得到了五星。"他镇定地说道。

我试图保持一些英国式的矜持。"那很好。现在……"

保罗打断了我的话。他每一个字都说得很慢。"锐步的三双鞋都得到了五星。"

我在电话里吼叫着庆祝，早就把英国式的矜持抛在脑后了。我知道，我们终于突破了那条线。这就好比得到了魔法王国的钥匙。

"我猜，现在我们可以做生意了？"我说。

"欢迎来到美国，搭档。"保罗回答。

Aztec 在鞋底附着摩擦力和后脚控制性上排名第一，这款产品立刻吸引了大量关注。我们收到了一些来自私人的订单，这部分订单我们可以完成生产并发货，可来自各方面的询价开始如滚雪球般出现。对锐步来说，五星评分就是改变命运的事件。

我追逐了十多年的市场，因为一款优秀的产品突然开始关注锐步。耐克仍是行业领先者，但现在我们紧跟他们的脚步——原谅我在这里用了一个双关语。

我们的律师德里克·沃勒引导我们度过威尔逊·冈恩 & 埃利斯事务所申请破产的危机好像已经是很久以前的事了，不过现在，我再次给他打去电话，让他和保罗起草一些协议。依据这份协议，保罗持有我们新成立的锐步（美国）国际有限责任公司（Reebok International Limited Inc，Reebok USA，以下简称锐步美国公司）95% 的股份，剩余的 5% 由我持有。这份协议也规定锐步（英国）国际有限公司（Reebok International Limited，Reebok UK，以下简称锐步英国公司）收取商标权使用费，因为我们早期仍然需要从拔佳鞋业继续购买鞋类产品，直到我们能找到其他来源。

我们还同意，由于地理位置上互相临近，加上跨境运输非常便利，所以保罗获得的授权许可区域也包括加拿大和墨西哥。我觉得，处理英国和世界其他地区的业务已经够我忙的了！

我觉得肩上的重担顿时消失了。我不再需要把精力集中在突破美国市场上——我确信，有了五星评分的鞋，保罗能帮我们实现这个目标。老实说，我们在 20 世纪 70 年代过得很难，就像穿着一双烂鞋在泥地里行走一样。

在政治上，英国十年来一直动荡不安。1975 年，通货膨胀率达到

22.6% 的最高点，再加上公共部门的工资限制，导致居民的零售支出减少。英国街头随地丢弃的垃圾连续几周无人清理，就是因为清洁工们加入了护士和急救车司机的行列，为争取更高的工资而进行罢工。

英国首位女首相的当选给人们带来了一些希望。玛格丽特·撒切尔（Margaret Thatcher）于 1979 年 5 月上台，立刻着手解决通货膨胀、政府支出和工会问题。她上台后采取的第一项措施就是取消外汇管制，为此我对未来发生积极变化的乐观态度得到了证实。在那之前，英国对一个人能带多少钱出国是有限制的。消除那些限制意味着在国外花钱变得更容易，这样一来，在国外做生意也变得更简单了。对锐步来说，这一恰逢其时的举措意义重大。现在，我们做好了扩张的准备。出门旅行时，我愿意带多少资金都可以，我不再需要解决各种行政上的繁文缛节才能把资金从英国汇到国外。多亏了撒切尔夫人，美国运通（American Express）真的变成了我最懂变通的朋友。

20 世纪 70 年代的动荡伤害了包括锐步在内的所有制造业。那时我知道，我们的工厂永远无法应对我们正面临的额外的生产要求。假如能平平稳稳地发展十年，或许我们就能更快地扩大规模，增加设备数量和员工人数，但现实并非如此。因此，我们没能为五星评分和美国分销商就位所带来的突然的运气转变做好准备。这提醒我们，无论你的计划多么周全，无论你制订了多么完善的应急计划，外部因素随时都能轻松地打乱你的节奏。

一切都准备就绪，现在是前往东南亚为锐步考察制造基地的好时候。其他很多鞋类公司都知道，东南亚的工厂可以进行大批量生产，而且价格远低于英国；此外，尽管质量管控在过去是个难题，但如今这里的生产标准已无可挑剔。那些较早转移到这里的厂商帮助东南亚工厂提高了生产标准，那些曾经习惯于生产低质量运动鞋的工厂明白，如果不提高自身水平，外国的行业巨头就会去别的地方。这个时间点，又一次恰到好处。在其他公司忙于清理整顿时，我们已经做好了进入这个赛场的准备。

我自己已经预见到了这番场景。当把生产转移到世界另一端的概念最初出现时，我就联系了中国台湾的一家工厂，用我们现在成本价的三分之一和他们签下了合同。我心里其实有点怀疑，担心这家工厂能否做出高质量的产品。我以为海外能做出高质量产品的地方就是日本。菲尔·奈特用他进口的虎牌运动鞋证明了这个观点。此外，进口的日本汽车名声也很好。显然，你能在日本生产又好又便宜的产品，可韩国和中国台湾呢？我看到的来自这些地方的产品都是廉价商品，但质量并不怎么好。

尽管有些犹豫，但我还是把疑虑抛在一边，订购了 200 双对细节有着明确要求的高科技跑鞋。对方发过来的产品质量平平，说明这家工厂尚不具备生产高性能运动鞋的能力，而那时我们也没做好把生产转移到海外的准备。

如果说中国台湾工厂的产品质量有点打消我积极性的话，韩国的情况就更糟糕了。

当时的韩国并不以制造业而闻名，无论是高质量的制造业还是低质量的制造业都没有名气，但我收到过马尔科姆·内森（Malcolm Nathan）发来的一些很不错的样品，他是 HS 公司（HS Corporation）的英国代理，后者是韩国最大的鞋类生产商。

马尔科姆一直关注着锐步的崛起过程，他联系到我，建议我们可以了解一下他的公司。尽管他送来的样品质量很高，但这有可能只是一次性的。也许他们是在一间小屋子里做出了这些专门给我这种外国投资者看的特别产品。它们在生产线上会是什么样子呢？我仍然无法信服。我必须亲眼看看，我要掌握他们生产方式和生产能力的第一手信息。

按照我的估算，从工厂设置生产线到交付第一双鞋大概需要六个月。我们没有半年时间可以浪费。我相信，订单一旦开始出现，就会大批量地涌现，所以我需要一个过渡计划。

我又一次找到拔佳鞋业的沙克。拔佳鞋业当然有能力满足我们的需求，但我不相信他们拥有能够满足美国市场所需要的"最先进"运动鞋的"细腻"生产能力。

不过，沙克非常渴望再次与我们合作，而且说服力极强的他让我相信，拔佳鞋业完全有能力生产出我们需要的高质量、创新型的运动鞋。所以，在保罗与他协商价格期间，杰夫抽时间为他们设置了生产线，并带去了零部件和运动鞋样式，而我则在为这辈子最重要的一次旅行制订计划。

我的主要目标是经停中国香港后再去韩国，和马尔科姆·内森在韩国的合伙人艾伦·尼科尔斯（Alan Nichols）见面，接着坐飞机去东京见一个新联系人，再和一个洛杉矶的运动服装品牌建立联系，随后启程去波士顿与保罗·法尔曼见面，了解他的分销业务进展情况。

我订的是泛美航空 2 号航班，这架喷气式客机不断向东环绕世界飞行。只要我一直向东，这个航班就像一辆随上随下的大巴。人生中第一次，我用头等舱款待了自己。短途旅行时我不怎么喜欢花钱购买更好的服务，可这次旅行并不短暂，漫长飞行过程中的小小奢侈能带来很大不同。但我买的也不是全额头等舱，这在当时仍显得过于奢侈。我买的是头等舱候补票，也就是说，如果头等舱满员，我就会被降级。

SHOE MAKER

THE UNTOLD STORY OF THE BRITISH
FAMILY FIRM THAT BECAME A
GLOBAL BRAND

第 23 章

香港，以及更远

波音 747 的一侧机翼向下倾斜，我们的飞机在公寓楼之间慢慢下降、排队，准备降落在中国香港的启德机场。我去香港是为了见安德烈·布卢尼尔（André Blunier），在瑞士出生的他兼任《中国跑者》（*China Runner*）的编辑和出版人，他恰好在九龙一家小型体育用品商店里销售锐步的产品。我们为他供应运动鞋已经有几年时间了。

　　这份杂志当然无法跟《跑者世界》相提并论，而且安德烈本人也不过是一个小型体育用品商店的老板。不过说实话，我来这里的主要目的其实是想看看香港。这更多的是个人选择，而不是生意上必需的工作。很多年来，我一直想去香港。去韩国的路上如果不在香港停留，那就是犯罪。

　　这个地方拥有繁忙的港口和数量众多的摩天大楼。这里不是放松休闲的目的地，但却符合我的所有预期——它的混乱井井有条，到处都是商机，而且与贝里简单朴素的氛围相去甚远。

　　我的香港之旅可谓安静又低调，这是在描写香港的语句中难得一见的形容词。

安德烈送给我几本杂志并向我介绍了香港体育市场的情况，随后，我为了接下来的航班而回到酒店，准备早点休息。韩国不在泛美航空 2 号航班的航线计划上，所以我得使用一张没有确定起飞日期的机票。

酒店前台有一条留给我的信息。这条信息来自艾伦·尼科尔斯："请立刻给这个号码打电话。"

艾伦的声音听起来非常惊恐，"幸亏我联系到你了。"

"为什么，怎么了？明天我就去韩国见你了。"

"就是这件事。"

"什么？"

"我不在韩国。我们都不在韩国。"

"怎么回事？你们在哪儿？"

"我们都在中国台湾。朴正熙总统被刺杀了。他们宣布戒严，我们不得不赶紧离开韩国。"

"那我该怎么做？"

"暂时原地不动，或者到中国台湾来找我们。"

我挂断电话，心想这段旅程的命运从一开始就注定了。

第二天乘坐早班航班抵达中国台湾后，我坐进出租车，去见艾伦和他的团队。他们被告知，韩国的戒严状态仍在继续，但总统被刺杀并没有导致暴力事件出现。他们准备第二天返回韩国，但劝我为安全起见再多等 24 小时。

在首尔机场过安检时，我被告知需要把兜里的所有东西放在一个小托盘上，包括我的护照和其他个人文件。我没有犹豫。我根本不知

道小托盘被推进的窄缝的另一边到底是什么。我在一扇关闭的门外等
了很久，我不知道，如果那些东西不还给我该怎么办。没有护照或其
他身份文件，我就成了无名氏。至少在中央情报部眼里，我是个没有
身份的人，我这个人不存在，我不过是一个身份不明、神秘消失的外
国人。我向远处望去，希望能找到一个可以征求建议的友善面孔。一
个表情冷漠的士兵瞪了我一眼，他的手里握着一支半自动步枪。

等待过程中，我的脸上流下了豆大的汗珠……我一直在等待……
为什么时间这么长？安全部门的人在看什么？他们发现了什么？这时
门打开了，有人招手示意我进去。我看到四个人表情严肃地看着我。
我张嘴开始说话，解释我是谁、为什么来这里，解释我为什么不是威
胁。其中一人把托盘推到我面前，点头示意我出门。这就结束了，什
么事也没发生，没有审讯，没有怀疑，也没有收走我的护照。我又是
我了。

坐车离开机场时，天已经黑了。我们经过一排坦克，从军事掩体
边通过，还在几个武装检查站被拦下。宪兵和军人的数量比路上的普
通人多得多，而且每个人都带着怀疑和恐惧的眼神看着我。我能感知
到自己很紧张。那个环境给人的感觉就是，哪怕一个表情带来最微小
的误解也会招致一连串子弹，他们会先开枪再提问。谁能料到卖鞋也
能这么危险。

出租车最终停在一扇巨大的木门前，全副武装的警卫站在门的两
侧。一个人将头伸进出租车，然后对着同僚点点头，后者按下一个按
钮，门缓缓打开。出租车开进去的地方，到处都是亮光和音乐。

在前台看到艾伦后，我松了一口气。他微笑着问："旅途怎
么样？"

"呃……不太平。"我回答道。

我的酒店房间可以俯瞰被火炬照亮的海滩。我打开窗户，原本以为会听到轻柔的海浪声，实际上却惊讶地听到了号啕痛哭声，那是一群人正在为死去的总统痛哭。

断断续续地睡了一觉，又快速吃完早餐后，我抵达了 HS 公司的工厂，迎接我的是一个写着"欢迎锐步"的条幅。这让我吃了一惊，但却给了我友善温暖的感觉，这也是这些天来我第一次产生被人欢迎的感觉。在十几名经理和高管鞠躬欢迎我之后，我们一起走进了工厂。

厂房内部正在进行生产。我看到了一个让我想起自己早年在福斯特公司工作时的操作，那时安全被我们放在了效率之后的第二位，而且机器的设计对手指也不怎么友好。三个男人站在一起在一个皮制鞋面上打鞋带孔。一个人在木桩上固定鞋面，这个木桩看着就像是树桩；另一个人拿着工具，在需要打孔的地方打孔；第三个人用一个大锤子砸向打孔工具。这个团队肯定特别信任彼此。我心想，对贝里的员工来说，这是建立信任关系的好方法。

我得承认，这个工厂里的工人都在一心一意地工作，至少可以说，他们的生产效率让人印象深刻。毫无疑问，这些生产线出品的鞋，质量肯定无可挑剔，而我拿到的样品也如我所期望的那样近乎完美。沙克给了我很大的帮助，他也证明了自己是一个价值极高的朋友，但艾伦和马尔科姆提供的产品不仅质量更高，而且价格还不到拔佳鞋业的一半。我知道这对我们的工厂或者英国任何工厂来说都不是好事，但未来只能选择这条前进的路。现在我要做的，就是想办法为韩国的生产提供资金，以满足保罗刚起步的美国公司的需求。

我必须确保保罗和美国公司拥有他们所需的全部产品。如果锐步这次能够打出名声，那我们最不想看到的就是无法满足市场需求。马尔科姆、艾伦和 HS 公司的工厂有能力进行大规模生产，但保罗需要用银行开出的信用证下订单，这就意味着他需要信用额，而我基本确定他不具备这样的信用额。

我还需要德里克·沃勒起草文件，授权 HS 公司生产带有锐步商标的鞋，因为我们和保罗的协议只授权他在美国、加拿大和墨西哥分销和出售锐步运动鞋。他没有获得实际生产运动鞋的许可，产品将从韩国的工厂直接运输到波士顿。这份协议意味着英国的锐步从销售产品获得盈利，变成了从每一双鞋上收取商标权使用费。这听起来当然很好，但前提是我能办成这件事。

接下来，我的目的地是东京，我住在富丽堂皇的新大谷酒店，这间酒店就建在 1964 年奥运会翻修的皇居旁边。穿上我的锐步 Aztec 运动鞋，每天开会前我的准备工作就是沿着皇居周边的跑道跑步。我觉得这有助于减掉一些乘坐头等舱环游世界时增加的体重。

这里有着我呼吸过的最新鲜的空气。当我慢跑过修剪整齐的草坪时，金色的连翘与涓涓细流上的红色小桥映入眼帘，每一次呼吸，我的肺部都充满松树和樱花的芳香。我当然不想打破什么纪录——我也没这个能力——但机械性的重复动作和高含氧量的空气，却让我的头脑变得格外清醒。

跑步时，我想起父亲在博尔顿每周的训练课上，强迫我在雨中进行的无休止的训练；那么多训练，就是为了让他赢得赌注。八岁时，我拒绝了他的要求。我想，他始终没有原谅我放弃跑步。也许他就是在那时彻底放弃了我。对我来说，自由、消除压力、清理大脑，这些才是跑步的目的，而不是强迫自己在追求胜利的过程中突破极限，特别是当胜利更多是为了他人而取得时。

在东京和潜在的分销商会面后，我去夏威夷（Hawaii）过了一个周末，纯粹为了休息放松。这是我整段旅程中第一次碰到头等舱满员。机场的出发大厅里坐满了甜蜜的日本夫妇，他们大概要去夏威夷过一个浪漫的假期，或者是去度蜜月。我想，这可比当年我和琼结婚后去布莱克浦过的那一周更有异域风情。被降级到商务舱并不等于艰苦，可当我到达洛杉矶机场、不得不排队几个小时通过美国入境检查、却眼睁睁地看着睡眼惺忪的情侣通过头等舱快速通道早早离开时，我才清晰地感受到降级的痛苦。

到达酒店的前台后，情况并没有好转。我预订的房间已经没有了。我极度疲惫，只想躺下来，闭上眼睛，停止思考几个小时。我叹了口气，双手扶在柜台上，准备吵架。可还没等我说出一句话，前台那个说话轻声细语的女孩说，酒店可以提供更好的房间，免费为我升级。

新房间特别大，里面有两张大床，一个三人座的沙发，还有一个咖啡桌。我拉开覆盖了从地板到天花板之间整个墙面的沉重窗帘，红色的太阳正在沉入太平洋海平面以下，它散发的金色阳光照亮了整个房间。

周六离开东京后，我跨过了国际日期变更线，这意味着我回到了周五，可以在檀香山（Honolulu）这个天堂享受一个完整的周末。我决心不工作，不为公司做任何筹划。不管是大脑还是身体都在对我说，我需要休息，需要重启。这里不正好适合做这些事吗？

我的早餐吃得很晚，然后去海边，让温暖的海水没过脚踝，随后享受了一顿长时间的慵懒午餐，我在露天用餐区的树荫下吃了新鲜的扇贝和嫩煎鲣鳅鱼。美美地睡了一个午觉后，我沿着威基基海滩走到夏威夷村市场，买了贝壳和象牙雕刻的纪念品，然后回到酒店享受了一顿特别美味的铁板烧晚餐，其间看到了不少刀工展示、火焰表演和杂耍式的抛扔原料，我也在这里第一次品尝到美味的神户牛肉。

周一早上，我登上飞机，透过飞机窗户悲伤地看着下方万花筒一样的金色、绿宝石色与青绿色越来越远。夏威夷一直是我想象中的天堂。美丽无处不在——海滩、森林、食物，尤其是女孩。如果这段旅行以此为终点，那无疑是最完美的结局，但洛杉矶还有更吸引我的东西。

在洛杉矶机场，当大卫·佩里（David Perry）与我握手时，我能感觉到他的坚定，那是你预想中这位 36 岁的网球传奇之子应该有的握手力度。大卫在比弗利山庄（Beverly Hills）的家里管理着弗雷德·佩里（Fred Perry）运动服装品牌。尽管他父亲出身于英国北部的斯托克波特（Stockport），但他说话时听不出一丝英国口音。大卫在洛杉矶出生、长大，他是个典型的美国人。他有着一副朝气蓬勃的大学生模样，就像刚刚参加完好莱坞电影选角会一样。

大卫开车带着我，途径日落大道去了他最喜欢的餐馆。在那里，他向我提到了为弗雷德·佩里品牌增加鞋类生产线的计划。他在洛杉矶的大型外籍人士社区见过并听说过锐步，也通过《跑者世界》这样的商业出版物了解过我们。同为英国公司，他想尽力提供帮助。当我们的晚餐结束时，他同意制订一份商业计划，并且把计划寄给我。离开餐馆后，他没有送我回酒店，而是邀请我去他家。

他的房子特别大，最初是为电影明星金杰·罗杰斯（Ginger

Rogers）设计和建造的。走过入口时，我先是为地毯的长度而惊讶，这条地毯仿佛一路延伸到沙地里一样。我跟着大卫，走过宽阔而有弧度的楼梯，走到了金杰的"派对屋"。全景窗户外是震人心魄的洛杉矶美景，房间里还有一幅名为"为城市涂上红色"（*Painting the Town Red*）的壁画，壁画上用红色标记着这位明星最喜欢的夜晚游玩场所。房间后面摆放着两台碳弧电影放映机，金杰曾经用这些机器播放自己的电影来招待客人。房间外面是一间用木头和玻璃做成的舞蹈室，有着漂亮且光滑的舞池。我想象着金杰在好莱坞鼎盛期和她的搭档弗雷德·阿斯泰尔（Fred Astaire）在这里跳华尔兹的画面。

大卫告诉我，弗雷德给自己的脚和腿投保了 15 万美元，当时这是很大一笔钱。脚是他的命根子。从某种程度上说，这个说法也适合我。这并不是说我自己的脚很宝贵，而是我把所有鸡蛋都放在了锐步这一个篮子里。如果公司失去公众的喜爱，或者我们没能赶上最新的潮流，公司就完蛋了，我也完蛋了。

那一刻，在环球旅行中，我站在一个好莱坞传奇人物的故居，我知道自己已经取得了长足进步。但我不能回头，不能驻足不前。我要竭尽所能提高我们产品的市场需求并降低成本，只有这样，在面对凯马特及其他大公司时，我才能有谈判的空间。

也许是好莱坞的魔力，也许是金杰·罗杰斯的影响，成功与失败之间不存在中间地带。伟大的人付出了一切，什么也没留下。我也必须这样做。从现在开始，一切就是全有或全无。我不想做落后的人，我想让其他人来追赶我。是时候像羚羊一样了——敏捷、高效、适应能力强，永远领头，永远无法被追赶，永远比竞争对手快一步。

在我脑海中，我能看到成功，能感受到荣耀。不过在纸面上，我的计划仍然停留于概念层面，只是对最终目标的想象，却还没有实现目标的路线图。我知道怎么连接 A 点到 B 点，但再往下该怎么走，我就不知道了。我已经有了保罗，更廉价的生产商就在眼前，还有一款五星产品，可我仍然需要大量运气和恰到好处的时机，才能确保一切同时到位，以便让我的品牌成为第一。

　　杰夫一直和我有着同样的梦想，两个琼在锐步在本地乃至全英国追求成功的路上也全力支持。可现在，我觉得他们和我的愿景不一样了，他们看不到这家公司能走得更远，也看不到我们的全球发展潜力。也许他们只是不想看到，也许成功的宏大规模吓到了他们。不管怎样，现实已经发展到，我做出的任何我认为有益于公司扩张的重大决定，以及我为了发展而进行的任何旅行，都会遭到消极对待或反对。"成本太高了""风险太大了""我们离开舒适区了"，这些都是我最近听到的话，类似的话还有很多。

　　我的激情、我的抱负，以及我相信我们能取得怎样的成就，我在这些问题上越发感到孤独。我需要一个和我一样野心勃勃的人积极地支持我，在我们追求重大目标的过程中能体验到和我一样的兴奋。我需要去波士顿，和保罗·法尔曼在一起，那是我的下一站，也是最后一站。

SHOE MAKER

THE UNTOLD STORY OF THE BRITISH FAMILY FIRM THAT BECAME A GLOBAL BRAND

第 24 章

回到波士顿

保罗没有让人失望。11 月的波士顿非常冷，但他却火力全开。我们闲聊了一会儿航班和家人的事，保罗突然就把话题转到了生意上。开车前往波士顿露营公司的 20 分钟里，我看着窗外，他的激情和乐观让我很受鼓舞。从乐观精神看，他是个真正的美国人。看着干净整齐的城市街景，我心想，我得让自己身边有更多像保罗一样的人。

波士顿公共绿地公园里的秋日色彩已经蒙上了一层冬日的面纱，红色、绿色和棕色都在灰色的天空下变得黯淡了不少。后湾区（Back Bay）的褐砂石房屋的门廊背光处已经能看到冰条，纽贝里街上小店橱窗里的假人模型也已经裹上了羊毛和羊绒。

这让我想起，美国人和英国人存在很大区别。在冰冷的波士顿，人们接纳冬天，为季节变化而开心。11 月带来了各种意义上的新事物，有着特别的味道、声音、气味和活动。回到贝里，或者说回到英国全境，冬季是可怕的季节。冬季到来时，人们会躲在家里，诅咒寒冷的天气，希望时间能快快流逝。当他们不得不现身于公共场所时，他们会抱怨、发牢骚，他们穿着灰色和黑色的衣服，仿佛在哀悼夏日欢乐的逝去。

有区别的不只是人们对待天气的态度，生意场上也是如此，在这片充满机遇的土地上，人们好像觉得什么都有可能。也许和我的成长经历有关，但我总觉得成功上面加了盖子，有一个道德障碍阻碍我去往更远的地方。追求伟大会引起他人反感，会遭到劝阻，仿佛追求伟大是一种傲慢而自负的行为。致力于平均反而更符合英国人的性格——平庸，适度，保持中立。"知道自己的位置"，我总是听到这种说法。

我们抵达了波士顿露营公司，只不过，公司已经不在这个地方了。标牌、库存和业务都不见了，他的生意伙伴也不见了。他告诉我，他的兄弟已经离职，自己创建了一家生产尼龙搭扣钱包的公司，而他的妹夫现在是一家二手汽车店的老板。

毫无疑问，他现在 100% 是锐步的人了。我不能否定他的专注与投入，但我也为他感到极度的焦虑。就像我当初和劳伦斯体育一样，他把自己的一切都压在了锐步的美国公司上。

保罗绝对不算有钱人。波士顿露营公司在当地算是一家比较成功的公司，也许用"稳定"来形容更合适。但保罗和我一样，稳定永远无法让他满足。如果只是赚平均水平的钱，他也能继续过下去。他本可以把锐步挂靠在现有的业务上，但经营锐步对财务、身体和心理上的要求太高，就像在他之前的那些失败的分销商一样，他很有可能面临失败。可是现在，因为决定已经做出，波士顿露营公司成为历史，他别无选择，只能尽力让这一切成功。他的妻子在手工艺品集市上售卖自制的小装饰品，赚到的钱都比他多。我们两个人现在心里只想着一件事，那就是在美国做大锐步。对于这个问题，他有很多想法。

　　其中一个想法尤其吸引了我的注意。他一直在思考"窗框"，也就是运动鞋侧面刺绣着我们全新的星冠标志的区域。这是不久前才开发出的元素，而且是在最不可能发生的情况下发生的。

　　杰夫和我在买新车上花了不少钱。卖掉了我的二手小货车和他的老款捷豹后，我们先买了两辆新的福特福睿斯（Ford Escort），随着生意不断做大，我们又换成了萨博（Saab）汽车。

　　我们和曼彻斯特的萨博经销商关系很好，在我考虑下一辆车买什么时，他找到我，询问我们能否为塞巴斯蒂安·科（Sabastian Coe）定制一双鞋。萨博是塞巴斯蒂安的赞助商，根据合同规定，他很快就会来经销门店参加推广活动。

　　有机会和世界纪录保持者合作，我当然很高兴，尤其是和塞巴斯蒂安·科这样高人气的人，但我微笑着提醒这个经销商，塞巴斯蒂安是耐克的运动员，他和耐克签有合同。如果被拍到他感激地接受一双到处都是锐步标志的运动鞋，他肯定会有麻烦。

　　"有没有办法不展示鞋的商标？"他问道，"或者说，最好能加上萨博的商标？"他消失在办公室里，然后拿着两个编织出来的商标说："就像这些。"我觉得没理由拒绝，也觉得下次杰夫和我来买新车时，他们会还我们的人情。

　　尽管"Saab"这几个字母的高度比锐步商标更高，但这个标志本身较短，基本上能放进我们运动鞋两侧的支撑中。即便以那个时代不那么高的审美标准来评价，如果只是简单地把商标绣在鞋上也不会好看，但我找到了一个方法，通过切出一个"窗框"，像画框中的画一样把商标缝在了"窗框"中间。

萨博的"窗框"为本已独特的锐步运动鞋又增加了一个创新维度，杰夫和我决定，我们应该把这个元素融入所有运动鞋的设计中。锐步商标被"窗框"包围，旁边配上星冠标志。保罗也很喜欢窗框的设计，但他觉得我们可以继续改进。

"我喜欢星冠，"他说，"它能让我想起英国国旗。"

我告诉他，我的灵感就是来自于英国国旗。

"可你要花一大笔钱，才能让这个标志具有辨识度。我们不如换掉这个标志，换成一个任何美国人都能立刻识别的标志？"考虑到他还在开车，所以他盯着我的时间长度甚至让我觉得不太安全了。

"例如？"我一边帮他看路一边说。

"一面真正的英国国旗。"他笑着举起手，仿佛答案显而易见一样。

"看路！"我在车向防撞护栏开去时大喊，"我会考虑一下。"

在环球之旅的最后一段，我考虑了这个想法。我不知道美国究竟有多少人认得出英国国旗。保罗告诉我，答案是每个人都认识。我越想越觉得这在美国市场绝对是一个妙招。在生意场上，你必须使用你在战场上拥有的所有武器，即便这个武器严格来说不属于你。

不过，我对英国市场仍持保留态度，特别是现在我们要把生产转移到韩国。工会主义在英国很流行。我担心，如果有人挑刺，说我们的鞋是在韩国而非大不列颠生产，他们会找我们的麻烦。

这就是一场赌博，但我们可以争辩说，产品是在英国设计的，公司由英国人所有，而且所有的专利权使用费都流向英国。此外，我们希望大部分销售额发生在美国。如果英国出现任何问题，我们都能着手解决。

我们做出决定，九个月内，每一双锐步鞋上不仅绣有英国国旗，而且会被装在印有英国国旗的鞋盒里。

随后的几年，麻烦确实找上门来了。代表高失业区的工党议员向英国贸易标准局控告我们，我们因此被起诉过六次。但我们已经为付出这些成本做好了准备，而且罚款数额比较少。事实证明，拥有一个知名度高的品牌带来的好处是无价的。

抵达伦敦后，我在坐飞机去曼彻斯特前给琼打了电话，告诉她我大概几点到机场。我立刻感觉到情况有些不对劲。

"那时候我很忙，"她说，"那是我艺术小组的活动夜。"

我已经坐飞机在世界周游了 25 天，可现在我需要坐火车去贝里，然后再打一辆出租车回到空无一人的家里。过去一年多，琼和我之间的隔阂明显变大，考虑到我经常外出，这种情况也能被理解。琼和孩子们已经注意到生意再次好转后带来的好处，但他们很少能看到我。我缺席家庭生活变得越来越常见。我只是负责支付账单、时不时出现在家门口的"那个人"。但在我看来，我没有别的选择。我和锐步的纠缠已深，而且距离突破美国市场只有咫尺之遥，我的全部精力都在关注公司到底能走多远，现在的我不能倒退。悲剧的是，要么是生意，要么是家庭，只能二选一。我就是没有时间两者兼顾。

在接下来的几个月里，我、沙克、保罗·法尔曼和杰夫进行了大量的四方会谈。我们仍然需要敲定生产的细节问题，确定 Aztec 和其他五星运动鞋的营销策略，为来年 2 月在 NSGA 展销会上的发布仪式做准备。

拜德里克·沃勒和保罗的美国律师所赐，我似乎有数不完的文件需要签署。1 月时，我需要再次前往波士顿，我带着笔，旅行箱里还装着最新版的 Aztec 运动鞋。

保罗不想在展销会上展示太多产品，尽管我们会摆出一两款鞋。相反，他希望把全部精力放在一款产品上，也就是我们的"金童"——定位为英国"25 磅 / 英镑"的五星运动鞋 Aztec。《跑者世界》将每双鞋的重量加入产品说明中，美国现在很看重产品的重量。保罗和他的代理人认为，如果拿我们在英国的货币单位"镑"和作为重量的"磅"做文章，应该会是个好策略。他定下的售价相当于 25 英镑。他希望用同一种方式为整个系列的产品定价，所以他需要知道每双鞋的重量。我手头没有这样的信息，但我告诉他我可以回到英国买下称重设备测量后，在 48 小时内告诉他结果。对于我没有称重设备的事，他很惊讶。他离开房间，回来时拿着一个用塑料袋包裹着的东西。

第二天，我像往常一样乘坐环球航空公司的过夜航班，于清晨抵达伦敦，顺利通过入境检查后直奔候机大厅，乘坐前往曼彻斯特的航班。我在曼彻斯特机场叫了辆出租车直奔办公室。保罗明确表示，他需要尽快知道所有鞋的重量，所以我从塑料袋里拿出秤，这时，袋子里有白色的细粉末掉在了我的办公桌上，我过了半天才反应过来。我心里已经想到了最坏的结果。我给波士顿的保罗打了电话。

起初，电话另一端回以沉默。然后，他尴尬地笑了。"我有个朋友是警察局缉毒队的，他没收过很多秤，给了我一个。"

我试图保持冷静，但这并不容易。保罗当然是无辜的——他从未沾染过毒品，但有些话我必须对他说。"你知道在波士顿或者希思罗机场我会发生什么吗？我有可能被逮捕，保罗。英国锐步的老板因为走私毒品被抓。你能想象新闻头条会怎么写吗？那会是你我的末日。"

保罗停顿了一会儿，我能感觉到他因为被训斥而不高兴了，可也就那么一毫秒左右。然后，他的激情再次涌现，这件事被他一笑了之。"不管怎么说，你还在这里。知道重量了吗？这事能做大，乔，我能感觉到。"

　　不管他差点造成了多大的事故，对这么友善的一个人生气，向来都是难事一桩。

SHOE MAKER

THE UNTOLD STORY OF THE BRITISH
FAMILY FIRM THAT BECAME A
GLOBAL BRAND

第 25 章

我的哥哥杰夫

▼

在我的印象中，杰夫从来都不是个爱生病的人。他一直给人健康的印象，并且他还是一个好胜的自行车运动员，每周都会训练。如今 40 多岁的他仍然每周末坚持跑步。几乎每次跑完步他都会不舒服，但那只是因为他强迫自己的身体突破健康极限，这对我哥哥来说是正常现象。可就在我离开英国前去参加 1980 年 NSGA 展销会那天，我能看出他病了，而不是不舒服。从他的脸上，我就能清清楚楚地看到他的痛苦。他的背非常疼，他的妻子琼坚持让他去医院做检查。我问他，是否希望我晚一点再走，但他明确表示让我照常出行，让我不要担心，他没事，还让我告诉他展销会的进展。

这是锐步第一次不再以英国贸易委员会代表团成员的身份出席，而是独立参加芝加哥的 NSGA 展销会，保罗希望我们能脱颖而出。他决定拿我们的英国属性做文章，我们的展位被设计成一间舒适的英式休息室，里面配有壁炉、扶手椅和展示橱柜。作为一家向竞争意识极强的运动员出售跑鞋且活力十足的公司，我觉得这样的展位设置给人一种安逸、无精打采的感觉，与运动精神正好相反。可我对美国市场又了解多少呢？我出现在那里只是为了回答和产品有关的问题。由于我们只专注于一款产品，保罗和他的销售经理吉姆（Jim）妥善安排了一切，我能看出现场并不需要我。

我闲逛到英国贸易委员会的展位，感觉到其中一些代表对锐步拥有独立的美国分销商非常嫉妒。他们根本不知道，我们是如何行走在刀锋之上的。尽管情况得到了改善，但英国的锐步仍处于恢复期，而保罗把每一分钱都花在了美国的锐步上，我是说每一分钱。

展销会接近尾声时，保罗已经拿到了不少订单，另外还有一些代理人愿意和我们签约。现在，一切取决于我能不能把鞋运到他手上。我已经安排好拔佳鞋业的沙克去希思罗机场接我，这样我们就能尽快敲定生产问题。不过，在离开保罗的办公室前我先给琼打了电话，告诉她我回家前会先去伦敦参加一个会议。对于我晚于原计划回家的事，她听起来一点也不意外，这时的她已经习惯了这种消息。我也问到了杰夫，她说没有消息，这倒是让我松了一口气。

终于回到家后，我才发现其实有消息，只是琼决定当面告诉我。杰夫被诊断出胃癌。第二天早上他就要进行紧急手术。与此同时，他安排了一个朋友在他治疗期间管理工厂。如果说时差让我疲惫，那么这个消息彻底击溃了我。像杰夫这样热爱健身又健康的人，怎么可能得癌症？

接下来的几天晚上，我都去医院看望了杰夫。他注射着大量镇静剂，看起来非常憔悴，脸色灰白，仿佛生命力已经离开了他的身体。我向他描述了芝加哥的情况，提到了我们收到的新订单，还讲了波士顿警察局秤上白色粉末的故事。他虚弱地笑着，闭着眼睛。我觉得很无助。我能感觉到只要我在那里他就需要努力，我的存在像是一种紧张情绪，而他需要休息。我亲吻了他的额头，然后离开了。

我再也没见到自己的哥哥。几天后，杰夫死于手术后的并发症。他的葬礼定在 3 月 10 日，那天距离他的 47 岁生日还有八天。他的妻子琼和两个十多岁的孩子戴安娜和罗伯特在葬礼期间一直在哭，可以理解，他们的心都碎了。我也控制不住眼泪，我觉得自己的整个人生都被改变了。

我们如何经营，与谁合作，如何分享我们的成功——这一切都终结在了博尔顿火葬场的一间冷冰冰的白色房间里，皮鞋走在瓷砖地板上的声音在我们身后关着的大门外渐渐消失，聚集在一起的人们小声说着哀悼的话。

没人想到杰夫和我能走这么远，尽管锐步当时仍然处于规模相对较小、比较脆弱的阶段，而且杰夫对公司大幅扩张也很担心，但我们都对光明的未来心怀希望。我们让公司成长为一家能够与耐克、阿迪达斯和彪马这些大品牌抗衡的国际企业的最初梦想仍有可能实现，可杰夫再也看不到这个梦想变为现实了。

杰夫和我就是天生的搭档。22 年前，我们都做出了离开福斯特公司这个家族企业的艰难决定。我们从无到有，在贝里的一个废旧工厂里创造出了锐步，尽管我们的公司如今在英国仍然存在现金流问题，但我们终于有一只脚迈进了大西洋彼岸，彩虹的另一端就是一桶黄金。

我们一起自学，一起长时间艰苦地工作，在看似难以克服的障碍出现时饱受煎熬。我们都遇到过法律纠纷、销售枯竭，遇到过为我们贡献营业额的人突然崩溃的情况，可作为兄弟、作为搭档，我们总能找到办法克服困难，杰夫理应看到最终结果。我需要他在那里，和我分享成功、哀悼损失。我需要他运营工厂，需要他在飙升的需求让生产线难以为继时解决难题，我也知道，随后的突然停产为暂时被解雇的员工带去了更多痛苦。我需要他在我出门时成为定心石，发出理性的声音，成为现实问题的解决者。但最重要的是，我需要他做我的兄弟，做我的支柱。现在，没有了他，我很害怕，我就像一个没有安全网的走钢丝的人。

在无法抗拒的巨大悲伤中，我知道自己需要做出决定。我可以双手抱头永远悲伤下去，但我也可以继续工作。我要考虑的不只是自己的未来，还要考虑家人——琼、凯和大卫——的未来，以及与公司有关、依赖我推动公司继续发展的所有人的未来。我没有其他选择，尽管自己无比伤痛，也只能挺身而出掌控全局。

当然，杰夫的妻子琼继承了他那一半的公司股权，这让我们分别拥有 50% 的股权，成为生意搭档。近年来，他的琼和我的关系并不融洽，这不是秘密。诚然，在我与杰夫的合作关系中，我是那个推动力；而我觉得，杰夫对我把锐步打造为全球品牌的意愿与行动的谨慎和担心，背后的推动力是他的妻子。我感觉她不信任我，认为我在操控她丈夫。这样紧张的关系意味着我们两人几乎不说话。这自然意味着我们不可能在一起工作，也不可能在重大决策上拥有同等的发言权。在这样的环境下我们无法进行合作。亲眼见到父亲和叔叔在福斯特公司的经历，我知道有毒的关系是什么样的。

福斯特公司的发展潜力被他们两人对彼此的憎恶所拖累，毫无疑问，这也是导致福斯特品牌最终失败的原因之一。如果陷入相似的、可悲的工作关系里，我们如何才能推动锐步继续向前呢？谁愿意在这样的环境里继续工作呢？做生意本该是件有趣、让人享受的事。如果不是这样，那就没有必要做生意。

我知道锐步有继续向前发展的潜力，我一直这么认为，如果过去能再多一些好运、时机再合适一些，我确信我们能获得巨大成功。可在当时，我们仍处于非常脆弱的阶段。我们需要每一分每一毫的努力、运气与合作，这样才能取得成功。成功之路上的任何摩擦，都能轻松导致向前的势头减弱，这有可能让我们落得与福斯特公司一样的命运。

我向琼解释道，目前只有两个选择：一是我们找个时间清算公司，让公司变得一文不值，然后我再以少量费用重新买回公司股权；二是我现在用市值购买她的股份。谢天谢地，她认同后一个选择更好。我们当时的利润还不高，我也不能保证未来能获得高利润。身在波士顿的保罗也面临同样的问题——我不能保证成功。舒·兰没能做好分销，我没法预测保罗能否成功。我只知道，我们拥有一个起点，拥有一个去尝试的机会，在我试过每一种可能性之前，我们都要全力向前。

现在，我拥有锐步英国公司（分销与营销公司）和锐步体育有限公司（产品生产公司）100% 的股权，作为两个公司的唯一所有者，我的第一个任务就是找人接手生产线。很快我就意识到，在我出门旅行时杰夫究竟承担了多少责任。为了能继续与南部的拔佳鞋业和美国的保罗合作，我显然需要三个人才能完成杰夫的工作。

我的第一个任命是让诺曼·巴恩斯担任生产经理。从博尔顿街时代开始，诺曼就是我们忠诚的员工，他比任何人都了解公司的员工和设备。接着，我给主管 Leatherflair 生产线的琳达·罗思韦尔（Linda Rothwell）打电话，让她负责工厂的物流管理与办公室行政工作。最后，我们需要一个主管设计和开发的人。我不想找陌生人。拔佳鞋业拥有一个大型设计团队，保罗·布朗（Paul Brown）被指派与锐步合作。他很聪明，又年轻，性格非常开朗。想必我很有说服力，因为没过多久，他就放弃了自己开阔的现代化办公室，在我们位于贝里旧厂房里的一间昏暗的办公室中安了家。

新团队全部就位当然让我松了一口气，但额外增加三个人也加剧了我们的现金流问题。现在，更多的钱开始流向错误的方向，可我有什么选择呢？现在不能回头了。我只希望，在现金耗尽前，我们能看到现金流逆转。

SHOE MAKER

THE UNTOLD STORY OF THE BRITISH FAMILY FIRM THAT BECAME A GLOBAL BRAND

第 26 章

一个重大错误

除了需要招募新的生产管理团队外，到目前为止我遇到的所有问题都曾和杰夫一起面对过。我独自面对的第一场战斗，就是一场大战，若是杰夫，他大概早就看出苗头，在问题真的变成麻烦前就能解决它。

在等待韩国生产线上线期间，保罗在拔佳鞋业下了第一批 Aztec 运动鞋的订单。这批运动鞋在英国生产，然后直接发给波士顿的他，他再转发给美国各地的客户。

沙克保证了按时发货，但保罗却开始收到退货。不是一双，而是几百双。我们的旗舰产品 Aztec 运动鞋，我们因为获得五星评分并且在 NSGA 展销会上大放异彩而备受关注的 Aztec 运动鞋，出现了问题，而且是非常严重的问题。这款鞋的中底塌陷了。

我立刻坐飞机去了波士顿，在保罗的办公室里对比了被退回的鞋和我们在 NSGA 展销会上展示的样品鞋。我不敢相信自己看到了什么。不仅中底塌陷了，两双鞋从物理形态上就存在不一致。拔佳鞋业生产的鞋和我们在 NSGA 上展现的鞋看上去就不一样。鞋带处的镶边本该裁剪成长方形，但被退回的鞋上却是圆形。出现这种情况的原因只有一个：工厂想加快缝制速度。突然之间，Aztec 运动鞋从拥有最顶尖的设计变得无比普通。拔佳鞋业的某个人改变了我们的设计样式。

如果是杰夫，他一定会坚持要求工厂向保罗发送产品前自己先检查样品。毫无疑问，他会注意到设计上的差别，也会中断生产。可即便是杰夫，也不可能预见更大的问题。

样式的改变已经足够糟糕了，但这并非中底塌陷以及后续退货的原因。问题的根源在于拔佳鞋业使用他们的橡胶工厂生产出来的 EVA 中底。尽管拔佳鞋业很多年来一直自主生产橡胶，但 EVA 属于相对较新的一种产品。我没想到这个产品对拔佳鞋业的技术能力来说过新了。很显然，他们之前从未操作过 EVA。

我不是科学家，但我心里对中底为什么坏掉有个模糊的概念。我确信成分混合比例是没问题的，但我怀疑固化时间或某些 EVA 片的温度错了，导致塌陷的欠固化材料片中出现气泡，实质上消除了这种材料的缓冲性能。只要穿几次，鞋就会变得扁平而没有弹性。圆形的镶边也让鞋的外观变得极为普通。我打电话给拔佳鞋业，立刻中断了生产。但这并不能解决我们正在面对的问题，也就是来自拔佳鞋业厂房、如今已经进入市场流通的 20 000 双鞋。

如果召回产品，保罗大概会破产。承认我们的鞋有问题，那将会是公关灾难。我们唯一能做的，就是以最小的动静换掉所有被退回来的鞋，但我们仍然需要找出这个问题的起因，为此，我们需要回到问题的源头。

拔佳鞋业的沙克吓坏了。他安排我、保罗和拔佳鞋业在伦敦的主管约翰·麦克戈德里克（John McGoldrick）见面开会。拔佳鞋业让他们橡胶工厂的总经理也参加了会议。这个总经理立刻详细说明了材料的化学成分、最佳温度和凝固时间，大概是想用科学难住我们。保罗和我根本不听他这一套，最后他终于承认，他们使用的 EVA 并未经过足够的测试。这个经理承诺，在保罗返回波士顿前，他会做好六双新鞋给我们。

　　至少我们知道了中底问题的原因，可以阻止这种问题再次出现，但改变缝纫样式却是拔佳鞋业里的某个人进行时间和流程研究后做出的决定，这个人认为对我们的设计样式进行"微调"能够更高效地生产。在这个问题上，约翰能做的就是道歉，同时保证再也不会出现这样的事。

　　我们相信生产问题已经得到解决，可财务方面还有一个小问题。20 000 双有瑕疵的鞋已经运到了波士顿的仓库。幸运的是，保罗还没有为这些鞋付款。拔佳鞋业首先提出，已发货的鞋打折 50%，同时信用额延长三个月。保罗拒绝了这个提案。他们接着提出 75% 的折扣，但保罗还是摇头。对于任何与我们密封着交给拔佳鞋业的样品鞋不一样的产品，他都没有一丁点付钱的意愿。

　　这些密封样品的作用就是确保生产商能够按照订单要求准确地进行生产。当工厂做出样品鞋，左脚和右脚经过检验后会分别装进聚乙烯袋子里，同时标注详细的技术标准。一组样品鞋交给工厂，另一组交给客户，以此保证双方拥有实体证据，可以证明每只鞋到底是什么样的。实践中，这个方法让我们能够对比密封样品和对方投入生产的鞋，而对比出来的结果自然是不同的。拔佳鞋业根本没有借口。

　　虽然经过了几个小时的激烈讨论，但拔佳鞋业最终还是同意不再收取 20 000 双鞋的价款，由自己承受损失，而保罗则带着六双"真正的"Aztec 运动鞋回到美国进行测试。

　　尽管我们换掉了美国境内退给保罗的鞋，但我更担心的是那些没有被退回的鞋。我知道，我们费尽心思在美国构建的品牌忠诚度可能毁于一旦。当中底出问题时，拥有 Aztec 运动鞋的消费者就会转向耐克或阿迪达斯，我们就会失去很多重购消费者。保罗不认同我的观点。他更了解美国的消费者文化，知道他们更愿意原谅商家。幸好事实证明他是对的，尽管最早的货物有瑕疵，但我们的销量仍在继续上升。

同一年，也就是 1980 年，我们又遇到了一个问题——怎么总有问题！保罗聘用史蒂夫·利格特（Steve Liggett）担任生产经理，并且适时派他监管我们在韩国设置的生产线。那家工厂已经决定，除非他们知道市场确实存在大量需求，否则他们并不准备把整条生产线全部用来生产锐步的产品。这意味着任何订单都得延迟几周才能生产，因为我们不得不把订单拆分，与来自不同公司的其他小批次订单放在一起。如果韩国工厂忙于大订单，我们的订单就会被排在后面。确保按时向零售商交付变成了不可能完成的任务。

不仅如此，为了让运动鞋离开韩国，我们还需要提交付款证明。通常这只需要开出信用证，一般由银行出具。可保罗在美国遇到了和我在英国一样的问题。公司发展导致现金流紧张，因此银行不愿出具信用证。我们需要资金注入，这意味着保罗别无选择，只能寻找一个投资搭档。与此同时，我们只能在拔佳鞋业以更高的成本生产运动鞋。

保罗的动作很快，他必须快。只过了几周，他就介绍我和他的新合作伙伴迪克·莱塞（Dick Lesser）认识。迪克是马萨诸塞州（Massachusetts）当地的商人，拥有一个大仓库，他把这个仓库租给了一家大型啤酒公司。可以说，迪克一点儿也不缺钱。

此后不久，巴黎有一家生产网球、羽毛球和壁球运动服的大型公司找到了保罗。他们正在寻找美国的分销商。有了新的合作伙伴的资助，保罗认为锐步美国公司为他们提供服务有利于改善公司的财务状况。双方进行了谈判，双方律师对合同进行了反复修改。

资金到位后，我们给韩国的生产开了绿灯，加上保罗马上就能签订新的分销协议，现在是时候庆祝了。

就在我们刚刚放松下来时，我们和巴黎公司的协议出事了。同样出问题的还有迪克·莱塞，在和保罗合作近 12 个月后，他终于明白在美国究竟要烧掉多少钱才能推出一个全新的品牌。他有钱，但也没有多到能应对这么大挑战的程度，或者说，他拿不出我们要求的信用额。迪克走后，我们没了资金，局势又一次变得危急起来。

1981 年，我在贝里工厂接到了保罗的销售经理吉姆·巴克利（Jim Barclay）打来的电话，他非常紧张慌乱。保罗因为疑似心脏病发作而被送到了医院。这大概是众多让人担心的事件引发的结果——拔佳鞋业有问题的鞋，需要信用证才能把鞋运出韩国，紧接着又是迪克撤出导致资金紧张。幸运的是，他的身体完全康复，两周后重新开始工作。

与其他潜在合作伙伴的几次会谈都没有结果。一个办公室位于帝国大厦的潜在投资者从远东进口过鞋，所以他了解这方面的业务，但这还不够。他告诉我们，耐克在发展初期曾经联系过他，他因为拒绝了耐克而悔恨不已。他认为运动鞋行业容不下另一个耐克，他不想因为选择了错误的公司而丢人。先是耐克，接着是锐步，两次拒绝投资机会的他也出局了。我想让读者自己想象拒绝过我们两家公司的他究竟是什么感受！

时间越来越少。没有持续的信用额，我们在韩国的生产供应很快就会枯竭，一旦水龙头关闭，订单无法完成，我们就会溺死在水里。

我们会破产，问题就是这么严重。

当时唯一能让锐步美国公司生存下去的，就是拔佳鞋业发给保罗的那批有瑕疵的库存；尽管有瑕疵，但他还是用折扣价卖掉了这批鞋。由于这批鞋的货款被勾销，所以对保罗来说，这是白给的钱。如果没有这笔资金，他的现金就会彻底用光。我猜，这大概是适时好运的又一个例子——讽刺的是，这一次的好运却是其他人犯错带来的。

回到波士顿，焦虑的保罗和我与美国比尔特里特（Biltrite）橡胶公司的主管比尔·马库斯（Bill Marcus）见了一面。我们了解到，比尔在英国有一个朋友兼同事，这个人从韩国采购鞋类，他也许有兴趣成为投资合作伙伴。

保罗立刻赶到伦敦，和联合制鞋公司（Associated Shoe Company，简称 ASCO）的 CEO 见面，后者是彭特兰集团（Pentland Group）的子公司。名叫斯蒂芬·鲁宾（Stephen Rubin）的 CEO 穿着很讲究，他打着领结，举止风度无可挑剔。事实证明，这个满头银发的"撒玛利亚好人"就是保罗一直在寻找的救星。

会议期间，斯蒂芬显然看到了与锐步合作的潜力。用美国人的话说，他真是个聪明的家伙。年仅 21 岁时，他就作为自由党候选人参加过议会选举，然后，就像我在福斯特公司时一样，他加入了家族产业利物浦鞋类公司（Liverpool Shoe Company）。

到四十多岁时，斯蒂芬已经把改名为彭特兰集团的家族公司打造为英国大型运动服和运动鞋公司之一。取得这样的成功，部分原因在于斯蒂芬非凡的远见。他是发现将鞋类生产转移到海外低收入区域有巨大发展潜力的先锋之一。1963 年，他成为欧洲较早将制鞋外包给亚洲工厂的商人之一。

斯蒂芬提出，他愿意向公司投资 77 500 美元。作为交换，他要获得锐步美国公司 55% 的股权，同时 ASCO 拥有锐步美国运动鞋的独家外包权。对保罗而言，放弃公司股权不是大事。这份交易的真正价值在于获得信用额。没有这笔钱，锐步美国公司就会彻底失去成功的希望。那时距离迪克·莱塞撤资已经过去六个月，我们已经到了最后关头。我们没有太多选择。我们已经获得了大批订单，但没有钱去生产运动鞋。

保罗第一次和斯蒂芬见完面后给我打了电话。"乔，为了拿到钱，我得放弃 55% 的股权。除非你愿意把你的 5% 还给我，否则我就只有40% 的股权了。"

对于这个问题，我没有思考太久。我们这个品牌依旧很小。现实中，我们只不过一个脚趾头迈进了美国市场。如果说我从试图打进美国市场的十年里学到了什么，那就是"钱是最重要的"。也许你拥有世界上你想拥有的一切产品，可没有生产所需的钱，你将一事无成。

零售商一般会用 30 天或 60 天的信用证订购产品。可如果要支付远东地区的生产成本——包括运输、仓储和分销——然后等待零售商付款，这意味着填补已经花出去的成本，你要等待六个月的时间。维持这样的运作需要几百万美元。我没有几百万美元，保罗也没有几百万美元，但斯蒂芬有。

我相信，即便我不放弃自己剩余的股权，保罗也会完成交易，但我把放弃股权当作释放善意的举动。为了让锐步在大西洋两岸均获得成功，我们两个人都放弃了一切。保罗放弃了其他生意，把自己的房子拿出去再次抵押贷款。他堵上了一切。

经过这么多年的尝试，财务支持似乎就是最后一道障碍了。我不希望财务问题变成绊脚石。除此之外，我仍然拥有品牌，对所有新设计拥有最终决定权，还能收取 5% 的商标权使用费。可如果保罗和锐步美国公司现在倒闭，我将一无所有，我们也会从美国市场败退。1981 年 8 月，我让德里克·沃勒起草了必要的法律文件。

保罗现在已经掌握了在美国成功的全部元素。杰夫和我提供了名称，提供了一个具有辨识度的形象、一个具有品牌辨识度的商标、一个独特的外底和三款在《跑者世界》上得到五星评价的运动鞋。现在，他又掌握了必要的财务资源。一切终于全部就位了。

尽管如此，斯蒂芬·鲁宾的加入在接下来的几年里还是让保罗头痛不已。斯蒂芬并没有爱上锐步这个品牌，他只想利用保罗的销售人员，他只不过把锐步看作 ASCO 进入美国的一个途径。他希望保罗和他的团队联系百货商场和其他大型鞋类零售商，以低于本地的价格向对方提供来自远东的产品。保罗有其他想法。对他来说，ASCO 是锐步的采购代理，他的销售团队就是以此为目的成立的。他非常明确地告知斯蒂芬，锐步不会做 ASCO 的代理人，而 ASCO 最好表现得像锐步的代理人才对。当斯蒂芬以最礼貌的方式试图让保罗做什么事时，暴躁的保罗不止一次大声反驳，提醒斯蒂芬他是合作伙伴，不是他的老板。

尽管保罗对斯蒂芬失去了耐心，但他知道后者能提供现金。没有斯蒂芬，我们就会走向毁灭。尽管很沮丧，但他总是敦促我"要像对待皇室成员一样对待他"。虽然保罗会向我倾诉对斯蒂芬的不满，但我明白自己不能参与其中。他们两人拥有相同的文化和宗教背景，他们出身于我无法融入的社区，如果两人发生争斗，被打得鼻青脸肿的只会是我这个外乡人。

SHOE MAKER

THE UNTOLD STORY OF THE BRITISH
FAMILY FIRM THAT BECAME A
GLOBAL BRAND

第 27 章

我们的天使

19⁸¹ 年年末，保罗在加利福尼亚州任命的一名销售代理出人意料地成了锐步的下一个看门人。不管是我、保罗还是那个销售代理当时都不知道，可他确实掌握着以创纪录的时间推动锐步从弱者晋升为冠军的门钥匙。

安杰尔·马丁内斯（Angel Martinez）于 1958 年跟随亲戚从古巴来到美国，同一年，杰夫和我离开了福斯特家族产业。和绝大多数美国孩子一样，他梦想成为职业棒球运动员，但只有 1.6 米的身高意味着这个梦想不管是现实上还是象征意义上均遥不可及，因为职业棒球运动员的平均身高都超过了 1.85 米。

不过安杰尔还有一项才能，那就是跑步，尤其是长距离跑步。他立志参加奥运会，对待这项运动非常严肃认真，总是购买当时市面上最好的专用鞋。他一般直接去俄勒冈州一个从日本进口商品的人的车库里买鞋。他买的品牌是虎牌，卖鞋的人名叫菲尔·奈特，那是他成立耐克之前的事。

不过，安杰尔在菲尔·奈特那里看到的不只是他的高质量运动鞋，他看到了一个靠激情谋生的人，安杰尔想要的就是这种生活，于是他申请了一份运营《跑者世界》零售店的工作，这是这份杂志开辟的一个新事业。安杰尔得到了这份工作，等到《跑者世界》改变主意、明白他们根本不想从事零售业务时，安杰尔从他们手里买下了店铺，随后他又开设了第二家店铺并启动了邮购业务。

他的公司发展得很不错，但在安杰尔看来，下订单、维持库存、管理员工、应对销售代表这些努力工作的内容，与他获得的利润以及生活质量之间并不对等。当锐步的两名代表走进他的商店时，他在心里已经开始质疑，为什么自己非得困在自己的两个店铺里工作这么长时间呢？他每天看到的销售代表都开着豪车，大部分时间用来带着商店店主吃饭，工作一般在下午就能做完。他想要那样的生活方式。是时候做出改变了。

安杰尔喜欢锐步的鞋。20 世纪 70 年代初还在读高中时，他就通过邮购方式从我们这里买过一双鞋，他相信，自己能比每周闲逛进他商店里的两个毫无头绪的销售代表做得更好。他清楚地知道，那两人既不懂运动员，也不了解运动员的需求。

他联系了保罗·法尔曼，带上了自己的两家商店的经理，接着他被任命为北加利福尼亚州（Northern California）、华盛顿州（Washington）和俄勒冈州的技术代表。安杰尔很快发现，未来的路也不好走。他几乎天天出差，一个月只有一周时间在家，这让他的妻子弗兰基（Frankie）很生气。在那一周里，他会确保把所有时间都用来陪伴妻子，包括在有氧健身操这种新的健身方式开始流行时陪伴妻子去健身房。

满身大汗地做出拉伸运动时，安杰尔聪明地观察到了一些现象。

第一，上课的女性大多穿着风格非常独特的衣服，她们仿佛都在"抄袭"教练。第二，她们要么光脚，要么穿着笨重的运动鞋。每次健身课结束后，安杰尔和弗兰基的脚都又酸又疼。他认定，这些人需要特别的运动鞋。

安杰尔给保罗·法尔曼打电话提建议，他表示，假设跑鞋的市场需求开始下降，锐步就需要开发其他产品。"我们为什么不试着开发新的产品线？"他对保罗说，"女性的有氧健身操鞋怎么样？"

"有氧健身操？这是什么东西？"保罗回答道。他没什么兴趣。

不过安杰尔认为自己发现了金矿，他不愿放弃。他带着这个想法找到了锐步的生产主管史蒂夫·利格特，还带上了一张简单的草图以及他认为可以调整的一双柔软、带鞋钉的跑鞋。

他解释道，有氧健身操需要类似壁球鞋一样强大的缓冲性能，但又要拥有舞鞋一样的灵活性和外观。安杰尔想用袋鼠皮，那是最软、重量最轻的一种皮革，可在 1981 年，袋鼠仍被列为保护动物，不允许进口到美国。

背着保罗·法尔曼，他们决定用山羊皮制成的柔软的手套皮革做几百双鞋。和保罗一样，我也不知道幕后的这些发展，后来我对使用如此脆弱的材料生产耐用性产品表达了怀疑。只有 0.5 毫米厚的手套皮革哪怕轻轻一撕都会断裂。我们之前在最轻质的跑鞋上使用过这种材料，例如，我们的 World 10 系列跑鞋，但后来我们在黏合鞋底的位置改用仿麂皮，同时增加了尼龙条带，用来强化鞋面。

安杰尔和史蒂夫在有氧健身操鞋上也尝试了同样的做法，他们用黏合尼龙作为鞋面的内衬。这让鞋面保持了柔软度和灵活性，但却破坏了皮革天然的透气性。为了解决这个问题，他们在鞋面上部打出了一些小孔。最后，他们似乎做出了一个可用的原型，在此基础上，他们小批量地做出了一些鞋。

安杰尔花了一周时间在他负责的销售区域里拜访各个健身房和有氧健身操室，将那些鞋免费赠送给教练，向他们说明这款鞋的技术优势。可没有一个接受赠品的人在意鞋的材料来源或小孔的科学原理，更让他们印象深刻的是舞鞋式的外观、舒服的毛巾式内衬，以及这是第一款专为女性设计的健身鞋。每一名教练均保证了会试穿，并且在安杰尔下一次拜访时向他反馈。

正如安杰尔所希望的那样，当他下一次打电话给健身房时，教练们已经收获了一大批希望立刻买到同一款鞋的女性。很显然，这里存在市场需求。有了史蒂夫的支持，安杰尔再次找到保罗，希望说服他认同市场潜力。

保罗听着安杰尔滔滔不绝地奉上了他最高水平的推销演讲。他告诉保罗，有氧健身操不只是一种新趋势，而且是一种女性社会运动。在那之前，女性不能被看到满身大汗的样子，也不能被人看到肌肉。通过公共健身课程，像他妻子一样的女性开始通过健身活动而变得越来越强大。有氧健身操不只与锻炼有关，更重要的是在志同道合的女性群体中，一个人的精神变得越来越坚韧。

安杰尔还提到了市场缺乏竞争。新百伦是唯一一个理解女性健身革命的品牌，但他们做的不过是把一款彩色的尼龙路跑鞋改为白色，再冠以有氧健身操鞋的名字。安杰尔继续说，这件事无须顾虑，这就是一个静待类似锐步这样的公司开发的小生态市场，而这个小生态市场有可能变为主流市场。

在那个时候，锐步所处的状态非常适合为市场提供专为女性设计的健身鞋。耐克和阿迪达斯都在争夺男子跑鞋市场的头把交椅，他们忽视了女性运动鞋不断上升的市场需求。此外，和"双巨头"不同，外界不认为锐步是个"大汗淋漓"式的品牌。我们两个最大的竞争对手只关注肌肉、拼搏和汗水，他们面向那些为胜利不惜一切代价、拼尽全身力气的人进行营销。人们眼中的锐步是一家专业、低调的运动鞋生产公司，以生产高质量、高性能跑鞋而闻名。我们的实力还不够强，无法与大汗淋漓的形象或者主流市场挂钩；我们还没有达到消费者给我们做出定义的阶段。我们在美国的形象"色彩"是次要的，而不是主要的，但这一次，这种基调却给了我们优势。

尽管花了几个月的时间，但保罗最终还是让步了，而且他的方式非常"保罗"，只要他在一件事上下定决心，他就会全身心投入。就像他在 1979 年卖掉已有的生意、拿自家房子再次抵押贷款、把全部赌注压在锐步上一样，他在这款新鞋上也是全力以赴，并决定第一批生产 32 000 双。连安杰尔都对这个数字持怀疑态度。

锐步在生产环节面临的挑战，是以原型为基础生产出几千双鞋。我们需要快速行动。如果安杰尔对市场的评估是正确的，如果我们不能足够快地为市场供应产品，其他品牌就会参与进来，抢在我们前面把握潮流。

幸运的是，史蒂夫·利格特预见了这个问题，在安杰尔找上他时就已经采取了行动。悲剧的是，他差点因此被解雇。

作为主管韩国工厂生产的人，史蒂夫在未获得保罗·法尔曼授权的情况下敲定了一整条生产线的独家使用权。这远超当时我们的需求，因为那时我们一周的订单量只有 400 双左右。为了获得独家使用权，史蒂夫向工厂保证，锐步平均每天会订购 200 双鞋！在保罗发现这个情况后，他气炸了。唯一阻止他没有当场解雇史蒂夫的原因，是他找不到人去韩国顶替史蒂夫，此外，他正准备订购 32 000 双鞋，他需要史蒂夫的经验。

正如我的预测，韩国的工厂在处理小山羊皮上遇到了麻烦。由于厚度过薄，你可以像用手撕纸一样扯开这种皮革。这种材料的强度不够大，无法承受生产过程中严苛的流程。尽管额外的尼龙内衬有用，但这款鞋的脆弱性仍然很让人担心，如果要在全国范围内推销这款鞋，这个问题必须解决。有氧健身操当时仍然是一个小众市场，但我们订单的规模足以让皮革供应商参与进来一起寻找解决方案。最终，诞生了也许是运动鞋生产界最重大的一次改变。

大多数皮革都很结实，以确保鞋面保持形状。可如今市场上已经出现了足够多的需求，足以刺激制革厂研发出更松软的皮革，但与手套皮革不同，新的材料需要拥有足够大强度。这样一来，我们就可以去除尼龙内衬，让运动鞋可以重新拥有透气性。这种新皮革最终成为运动鞋和日常用鞋中被普遍使用的材料。

可新问题又出现了。去除尼龙内衬后导致鞋面脚趾处出现褶皱，给人一种二手鞋的感觉。生产经理再次中断生产，询问安杰尔和史蒂夫·利格特该怎么做。安杰尔喜欢这些褶皱。他知道在美国西海岸有氧健身操室里和自己交流过的女性会觉得这些褶皱很可爱，这些褶皱反而是鞋的魅力之一。他命令生产继续，并且以设计的一部分为名确保留下了褶皱。

当这款命名为 Freestyle 的运动鞋于 1982 年上市时，我很担心。在我眼里，这款鞋仍然太脆弱，无法在极端的健身环境中使用。可当市场证明这款鞋的耐用性，或者说缺乏耐用性无关紧要时，我对美国和英国消费习惯的差异又有了进一步的了解。美国的女性太爱这款鞋了，她们根本不在乎鞋会坏掉——她们只会再买一双。如果在英国发生同样的事，公众的抗议会导致我们名誉受损。我们绝不可能摆脱这么一款脆弱的产品带来的负面影响，而这也进一步证明，进入美国市场在公司扩张过程中起到了至关重要的作用。

SHOE MAKER

THE UNTOLD STORY OF THE BRITISH FAMILY FIRM THAT BECAME A GLOBAL BRAND

第 28 章

跟上潮流

▼

在加利福尼亚州上架不到两周，Freestyle 运动鞋便告售罄，就连一直希望高销量的保罗和安杰尔也对巨大的市场需求感到震惊。安杰尔说得没错，锐步不仅把握了一个零售潮流，而且捕捉到了以团队健身、有氧健身操和 Freestyle 运动鞋为代表的向女性赋权的文化观念的变迁。然而，有氧健身操还是用了近两年时间才成为美国社会的主流，而在全球流行用的时间更长。为了实现目标，我们批准了一项重大的市场营销活动。

首先，安杰尔与保罗找到了网球明星特蕾西·奥斯汀（Tracy Austin）的姐姐丹尼丝·奥斯汀（Denise Austin）。丹尼丝是加利福尼亚州最受欢迎的健身大师，在她登上洛杉矶举办的一次大型健身博览会的舞台之前，他们让她穿上 Freestyle 运动鞋展示有氧健身操。丹尼丝爱上了这款鞋。虽说无须外力劝说她自己大概也会穿，但锐步还是花钱请她不管是在电视镜头前还是上健身课时都穿上这款鞋。就像安杰尔在他妻子的课程上观察的那样，不管丹尼丝穿什么，她的追随者都会模仿。

Freestyle 运动鞋最初只有白色款，但很快就推出了淡粉丝和蓝色款，紧接着又推出了更大胆的红色、黄色和橙色。这些色彩不仅可以搭配色彩明亮的有氧健身操服，而且都是过去运动鞋上从未出现过的颜色。从西海岸到东海岸，每一款新配色都引起了不小的喧嚣。市面上的每一款配色，女性消费者都想要。

1983 年，我们推出了一款高帮鞋，其中配有维克牢尼龙搭扣三层脚踝保护。我们还推出了一个男款健身鞋，名为 Ex-O-Fit，我们选择了凸显男子气概的典型宣传方式："男人懂得怎么去流汗。"

可让我们的销量直冲天际的却是女性。不仅是健身，Freestyle 运动鞋也成为她们在工作、休闲和游玩等诸多场合的首选，甚至参加高级活动也会穿上这双鞋。

好莱坞传奇简·方达（Jane Fonda）于 1979 年推出了一系列家庭健身录像，她不需要任何劝说，也不管我们是否付钱，她都愿意加入锐步大家庭。她在最初几段录像里都是光着脚，而在随后几年的录像里，她都主动穿上了 Freestyle 运动鞋。

锐步还在不知不觉中混淆了运动鞋和城市街头服装的界限，结果证明，这是一个多么具有爆炸性的组合。在纽约，一双 Freestyle 运动鞋的含税价格为 54.11 美元，因此在嘻哈音乐界得到了 "5411" 这个绰号。锐步的 Freestyle 如今不仅是市场上最软、最舒服的鞋，也是最酷的一款鞋。

有氧健身操的人气还在急速攀升，催生了锐步的一系列时尚单品和配件。当我们的健身装备销量飙升时，耐克、阿迪达斯和其他品牌仍在观望，他们满足于相信有氧健身操和女性健身市场只是昙花一现，不过是今日流行、明天一瞬间就会消失的快时尚。

等到他们意识到这股风潮不会消失时，已经为时过晚。锐步已经在消费者心里牢牢树立起有氧健身操公司的形象，其他品牌几乎没有获得太多市场份额的希望。在很多年里，我们将独占健身市场。

20 世纪 80 年代中期，当耐克仍然把注意力放在男子跑鞋上时，跑步市场先是趋于平稳，随后开始下滑。再一次，另一家公司的不幸恰逢其时地为锐步提供了急需的机会。

由于 Freestyle 运动鞋在多个社会领域吸引了人们的关注，我们迫切需要找到更多的生产力。史蒂夫已经让韩国的工厂开足马力全速生产，但产量远远不够。我们需要更多的鞋。如果延迟，我们就会为竞争对手打开加入这股热潮的大门。幸好，就在那个时候，耐克的冷淡意味着他们的跑鞋的销量已经减少到不得不削减远东地区生产量的程度了。

保罗立刻指示史蒂夫，让他把在韩国所能找到的所有闲置生产力全部投入生产。耐克减产的地方，我们增加了新订单，以便跟上市场需求。这对我们和工厂来说都是救命稻草。如果他们没有减少耐克产品的产量，我们就无法向订货量越来越高的零售商提供足够的有氧健身操产品，泡沫有可能就此破碎。

这样的情况自然有助于我们的美国业务，可由于无比巨大的需求量，我们的国际分销商现在拿不到货了。保罗已经跟不上美国市场对锐步有氧健身操鞋的需求了，而且不管他们向工厂下了多少订单，市场需求只会变得更高。因此，世界其他地区的分销商订购的鞋都会被转运到美国，以满足市场需求。这自然引发了不少指责和抱怨，但保罗也无能为力。他掌控着最重要的市场，不管发生什么，我们最先要喂饱的仍是美国市场这只巨兽。

我们在其他地区的发展均依赖于美国市场能否推动品牌发展。没有美国市场的强化，其他地区的发展很难突破小产业的局限。日本在传播成功方面也拥有巨大的影响力，但却无法与美国相提并论。我终于在美国燃起了火苗，现在我只能等，或者说希望在有氧健身操的帮助下，我们的品牌能在大西洋另一边获得爆发式成长。如果真能如愿，锐步就会成为国际品牌。如果不成功……好吧，事实上我们没有其他选择——我们必须成功。

回到英国，美国的有氧健身操产品为锐步带来的额外的商标权使用费使得我们可以雇用更多的人去协助管理全世界的分销网络。拥有具备语言能力并能用母语倾听分销商抱怨和不满的员工，这真的是特别大的优势。我们因此能更轻松地解决不同问题。

我也在寻找新的大本营。出于现实考虑，我需要把锐步体育（生产）和锐步国际（营销）整合在一起。我在布莱特街工厂里的办公室已经不够用了，于是我用上了位于贝里郊外托廷顿（Tottington）的会计办公室楼上的两个房间。这个方法管用了一阵，但这始终是临时措施，现在，我需要更接近生产地区。杰夫不在了，每当工厂出现问题，或者有人遇到问题需要老板的意见或签名时，我都得开车去贝里的工厂，这种情况变得越来越常见，因此打乱了我的计划和日程安排。

当时，我们在英国的规模仍然算不上大，但我们拥有成功的故事，在本地也算得上是明星企业。通过接待外国代表、高管和政要，我们提升了这个小镇的商业形象。贝里拥有我们这家公司让市议会非常自豪，他们热切地希望留住我们。于是，我决定利用我们的人气，看看他们是否有适合锐步租用的地产。他们建议我们使用贝里和博尔顿交界处、位于拉德克利夫地区布拉德利福尔德（Brodley Fold）镇上的一栋大楼。

这栋大楼原本是 Mather & Platt 机械公司的厂房，后来被在当地同样有名的 Dobson & Barlow 公司接手，后者是一家机械制造商，为英国西北部曾经繁荣一时的棉纺工业生产机械设备。20 世纪初，仅博尔顿就拥有超过 200 家纺织厂。小镇里有 9 000 位市民就职于这个行业，其中超过半数在 Dobson & Barlow 公司工作，从而将自己的名字写进了兰开夏的历史。如今，80 年过后，我们可以使用整个厂区。在我的设想中，锐步也会被载入兰开夏的发展史册。做梦也没什么坏处。

空间庞大的厂房远远超出了我们的需求，不过我们把办公室设在了曾经的社交俱乐部的位置。在曾经的台球室里，在台球滚过绿色粗呢桌面的地方，我们现在听到的是计算机的嗡嗡声和传真机的咕隆声；生产线奏响的"金属交响乐"慢慢从工厂曾经的娱乐大厅中传了过来。

所有的结构改革和行政重组都只停留在表面。任何企业的命脉都是员工，而我决心尽可能多地留住忠心耿耿的布莱特街员工。然而，新厂址和旧工厂的距离约为 13 千米，而我们现有的绝大多数员工找不到轻松的通勤方式。

我还记得，当我们最初推出水星品牌时，我曾去过巴卡普的约翰·威利·约翰逊工厂，在那里看到员工对管理层的忠诚以及相互之间对彼此的尊重。我多次想到过这件事，他是如何知道每一个员工的名字，如何做到从经理到清洁工都一视同仁的。我想重现那种环境，想以相似的氛围、友好的根基打造我们的工厂。看起来，我实现了这个目标。很多员工跟随我多年，和我一起经历过高峰与低谷。天气允许时，午餐时间我们会在旧工厂的院子里组织所有员工和管理层都参加的板球赛。回报他们的忠诚才是正确的做法，所以我买了一辆小巴车，安排我们忠诚的工厂经理诺曼早上开车接所有人上班，工作结束后再送所有人回家。

扩大波士顿和贝里两个大本营的规模，在一定程度上提高了生产及后续的库存需求，但我们在英国还有其他难题需要解决，其中一个主要问题就是做事的进度不能超过我们在美国市场的进度。在美国的扩张才是第一位的。

打进美国市场是我的梦想，也是我绝对的驱动力。和耐克一样，我们拥有一款需要数量才能成功的产品，而这个数量只能在人们有钱消费的文化中获得，例如美国。耐克拥有 2.4 亿掌握着大量可支配收入的潜在消费者。在英国，我们的人口不到 6 000 万，其中绝大多数没有多余可用的钱。英国只有少量地区，例如柴郡（Cheshire）、萨里（Surrey）和伦敦市中心，那里的女性有钱购买类似有氧健身操鞋这样的"奢侈品"。如果是贝里这些工业城市里的家庭主妇需要鞋，她们买的是胶底帆布鞋、威灵顿长靴或其他实用鞋。

目前，我没兴趣在世界其他地区扩张，这其中当然也包括英国；我所做的只是确保工厂正常运转，然后定期前往 Carter Pocock 公司开会。我更有兴趣的是美国市场如何变成我希望的样子，也就是说，我希望美国成为重量级贡献者。如果我能实现这个目标，其余的自然就会跟上。保罗做了所有该做的事，现在我们拥有一款人气极高的 Freestyle 运动鞋，所有迹象都指向了美国市场的急速增长，而我希望这最终能打开通往全世界的闸门。

到 1984 年时，保罗的销售额已经达到 1 300 万美元。这个数字很大，但在美国仍属于小型公司的销售额。在英国，我们的生意做得很不错。我们从锐步美国公司收取商标权使用费，我们生产、销售自己的产品，Carter Pocock 公司需要什么我们就做什么。因为我们和锐步美国公司合作，我们可以从韩国获得产品，从而降低成本。可我们的营业额仍然不到 100 万英镑。

现在是一场等待的游戏，我们等着看美国成功的上升浪潮能否传过大西洋，席卷英国和世界其他地区。

SHOE MAKER

THE UNTOLD STORY OF THE BRITISH
FAMILY FIRM THAT BECAME A
GLOBAL BRAND

第 29 章

改变进行中

▼

就像 20 世纪初正处于黄金时期的福斯特公司一样，80 年代初期和中期的锐步似乎不会做错事。1982 年的 Freestyle，1983 年的 Classic Leather 和 Ex-O-Fit 一上市就成为抢手商品。使用了创新性 Gore-Tex 鞋面的 Victory G、锐步伦敦和巴黎路跑鞋，这些都是一上市就热销的产品。我们也为一名南非的跑步运动员定制了一款高人气跑鞋，并以他的名字命名。

悉尼·马里（Sydney Maree）是一名中长跑运动员。1981 年，刚刚成为美国公民的他通过经纪人与锐步签约，同时被邀请去纽约参加首届第五大道一英里（约 1 609 米）挑战赛（Fifth Avenue Mile）。在这条环绕中央公园、跨越 20 个街区的直线跑道上，马里和史蒂夫·克拉姆（Steve Cram）、雷·弗林（Ray Flynn）、埃蒙·科格伦（Eamonn Coghlan）这样的运动员进行了较量。我和保罗站在一起，亲眼看到马里只用了 3 分 47 秒 52 就冲过了陆军广场的终点线，这个纪录至今无人打破。

1983 年，马里穿着锐步背心和"悉尼·马里"跑鞋，打破了史蒂夫·奥韦特（Steve Ovett）的 1 500 米世界纪录。在这个时期，锐步巩固了在田径领域的成功，并在女子健身领域脱颖而出。很快，锐步就会成为另一项运动的主导者。

我们最初为 Freestyle 运动鞋开发的"新型"软皮，彻底改变了运动鞋行业。我们放弃了需要"磨合"的固定鞋面，其他公司纷纷效仿我们，开始生产柔软、舒适的高性能运动鞋。

网球为这类新鞋提供了舞台。硬皮做出的白色网球鞋是当时的主流，其中阿迪达斯的 Stan Smith 可能是最受欢迎的一款鞋。可当这款鞋和人的脚完全磨合好时，鞋就会显得破旧不堪。我们打造出了 Phase 1 网球鞋，这款鞋使用了最新的柔软皮革，同时采用了和 Freestyle 运动鞋一样的毛巾内衬。我们以网球鞋取得革命性突破的名义推销这款鞋，这也是第一款不需要磨合的运动鞋。上市过程中，一次大胆甚至有些厚颜无耻的宣传活动帮助我们吸引了公众的关注。

锐步把球放在了线上

如果 Phase 1 不是你穿过的最好的网球鞋，我们不仅退款，还会免费送你一罐网球。

保罗担心这个广告会反噬我们，所以他买了两箱网球，为应付退货做准备。和之前推出的鞋一样，Phase 1 网球鞋同样取得了巨大成功，他只送出了几罐网球。就在我们推出网球产品线的第二年，我们就凭借在球场内外都非常合适的鞋子占据了美国网球鞋市场五分之一以上的份额。

从被视为专攻跑鞋的制造商起步，如今的我们已经成为网球和健身产品的代名词。我们的运动鞋不仅舒适、时尚，而且也以能提高比赛成绩而闻名。保罗知道，为了实现扩张的目标，他需要最大限度地利用正面宣传带来的向前推动力。对他来说，只有一种方法能让他实现目标。

最近一段时间，几乎每次交流时他都在暗示，希望我把品牌卖给他和斯蒂芬·鲁宾。尽管我们取得了成功，在全球范围内的知名度也在不断提高，但我们公司的规模仍然相对较小，他总担心投资人斯蒂芬对我们品牌的投入度不高。

现如今，斯蒂芬对锐步的投资意义非常重大，保罗几乎完全依赖他的资金。他担心，如果不让斯蒂芬控制品牌，也许他会限制信用额，这会带来灾难性的后果。没有斯蒂芬的资金支持，保罗就会陷入困境，他无法完成已经收到的海量订单，尤其无法生产大量的 Freestyle 有氧健身操鞋。

他需要把所有线索整合在一起，趁着锐步的有氧健身操产品炙手可热时全力出击。我们的五星跑鞋销量依旧很高，但跑步市场已经非常拥挤，所以即便只是为了强化品牌在普通商店里的存在感，我们也需要不惜一切代价在体育商店的"运动鞋墙"上拥有一款独特的产品。

锐步的崛起速度正在变得越来越快，若想取得更多进展，我们需要竭尽所能让这个势头保持下去，即便这意味着我要牺牲自己掌握的品牌股份。

如果我把股份卖给保罗和斯蒂芬控股的彭特兰集团，保罗知道，斯蒂芬大概率愿意做出必要的承诺，为锐步提供扩张所需的资金支持。说实话，我没什么其他选择。

很显然，美国就是增长率最大的贡献者，公司需要掌握所有能够利用好这一成功的机会。在这个问题上，公司需要确保资金流入——而且是大量资金流入。公司需要斯蒂芬·鲁宾，而且正如保罗所说，如果其他人（例如我）能随时关停公司，他为什么还要继续向公司投入几百万美元呢？

在这之前，我总会漫不经心地否决保罗的提议——"没错，行，保罗，我们看看。""以后再说。""保罗，等到时间合适的时候。"可现在我却觉得，是时候认真考虑这件事了。

我回想起自己旅程中的所有关键瞬间，想到了这些瞬间具有的意义。每一个阻碍，每一个问题，每一次挑战，都为我提供了经验和教训，我可以从中学习，在未来使其变为我的优势：我有勇气离开福斯特公司；我学会了在担忧中生活，等待查明我们是否会因为未支付注册商标费用而倒闭；我把握住了第一次前往美国参加 NSGA 展销会的机会；我在劳伦斯体育崩盘后被迫寻找出路；我在舒·兰和他连续不断的信件中学会保持耐心；我学会了在和保罗·法尔曼第一次见面后相信自己的直觉；现在，我知道锐步不再只和我或杰夫有关——真正重要的是公司的成功。

与其因为我不愿意采取行动而让锐步在这个时间点失败，我愿意放手。我做的一切，都是为了这个品牌。

真正的问题在于什么更重要——是我赚钱重要，还是更大的图景、在竞争中获得成功更重要？一切的目标都是让锐步成为第一。在那时，运营公司的不是会计师或专业管理人员，而是对品牌充满热情的人（斯蒂芬除外，他对品牌没有兴趣，但他确实提供了公司所需要的资金，所以我们不关注他的动机）。和我一样，那些人也想看到公司究竟能发展到什么程度，这是他们的动力。重点在于兑现公司的全部潜力，不管有没有我，只有放手让公司全面发展，我们才能知道这个目标能否实现。

我反复学到的一个教训就是，这是一个需要资金、需要有产品随时可供调用的生意。多亏了斯蒂芬，现在我们拥有资金，所以我们至少加入了这场游戏。到最后，获得产品才是更有难度的事。我们很幸运，好运总是适时出现，这在锐步的发展历史上已经不是第一次了。如果不是耐克适时地失去专注力，他们在韩国的工厂就会保持全速生产，而我们就无法获得足够的产品。

我没有什么事可做了。除非锐步美国公司完成扩张，否则不管是国内市场还是国际市场，我都没什么能做的了。自从杰夫去世，公司的活力点已经从贝里转移到美国。现在很明显，不管下一阶段是什么，变化首先都会发生在美国。我得解放他们，让他们不再需要随时随地打电话对我说"我有一个想法"，或者"我想试试这个"。这不过是种阻力，是又一个让他们减慢速度的障碍。他们只需要获得放手大干的许可，而不被我这个远程监护人的最终决定权所妨碍。

我的任务已经完成了。我为保罗提供了设计、一个品牌、一个五星级的机会和一段可以追溯到 1895 年的黄金历史。我做不到的，就是提供足够多的金钱。他已经把全部热情、能量和资金投入这个品牌，现在，他又得到了斯蒂芬·鲁宾的资金支持。我不能挡住锐步发展的脚步。我已经证明自己是个成功的创业者，可一个人也不能长时间地紧抓不放。我决定，我要放手。

1984 年，我同意将锐步国际有限公司的知识产权（品牌）以及锐步体育有限公司的全部股份，卖给斯蒂芬的彭特兰集团设立的一家新公司。这家新公司现在成了锐步国际有限公司（Reebok International Ltd.），负责美国、加拿大和墨西哥的经营，而我被聘为公司国际部门的总裁，负责公司在世界其他地区的发展。

我按照当时合理的价格卖掉了品牌，还得到保罗的保证，如果锐步取得成功，我能得到更多的钱。当然，没人知道有氧运动日后能发展成那么大的产业。我们任何人都没有想到，锐步能发展成价值几十亿美元的公司。假如我预想到这样的结果，我也许会保留一部分股份。但是，回顾那些不可知的事情是毫无意义的。那样的回忆不会改变任何事情，只会让自己劳神伤心。

签完文件后，我实际上是把品牌交给了新的锐步国际有限公司，斯蒂芬持股 55%，保罗持股 45%。我没有一丁点儿遗憾，只有一种压力消除的解脱感。当然，银行账号里增加的钱带来的满足感也起到了帮助作用。我可以稍稍退后一些，喘口气，享受剩余的旅程，其中自然包括品牌在美国蓬勃发展的同时，发展世界其他地区的市场。我已经 49 岁了，我会享受下一阶段，我会去世界各地旅行，而不再担心谁来付钱。

事实证明，世界其他地方不可能不注意到锐步——在电视上，在纸质媒体上，在领奖台上，在重大活动上，在健身房里，在工作中，在商店里，到处都能看到锐步——每个人都想入手锐步的产品。我们收到了来自全球各地的人们的询问，他们想知道哪里可以买到锐步的产品——西班牙、葡萄牙、意大利、希腊、德国、瑞士、波兰、瑞典、以色列、南非、马来西亚、新加坡、日本、澳大利亚……这份名单还能继续写下去。和过去面对忽高忽低的需求时资金有限的情况不同，现在的我们终于有了足够的资金来生产我们需要的全部产品。我要做的，就是确保产品能够分销到每一个地区。然而，首先我需要填补一个离家不远处的空缺。

Carter Pocock 公司被卖掉了，这终止了我们之间的协议。我一直不知道他们这么做的真正原因，但这大概跟他们意识到自己位于南华克桥路上的房产价值比经营企业能够获得的利润高得多有关。由于 Carter Pocock 公司的离开，我需要找人接管英国的分销业务，可是找谁呢？斯蒂芬最初希望由我负责，但我明确表示，我做不到一边主管英国业务一边开发其他地区的国际市场。

那时我仍和克里斯·布拉舍保持着良好的关系，他是英国非常优秀的运动员之一，也会因在罗杰·贝尼斯特 4 分钟内跑完 1 英里（约 1 609 米）壮举中担任配速员而被世人永远铭记。另一方面，受纽约马拉松大获成功的启发，他组织了伦敦马拉松。1981 年 3 月 29 日举办的首届赛事就吸引了 20 000 名跑者参与。

我们的友谊从我为克里斯的 Sweatshop 商店供货开始，一直延续了下来，这些年来我们进行过几次本意良好的电话通话，通话内容通常是克里斯抱怨锐步的价格。自那之后，克里斯和他的生意搭档约翰·迪斯利（John Disley）成立了一家名叫 Fleetfoot 的分销公司，这家公司拥有销售新百伦产品的授权。

几年前，当我打电话祝贺他在伦敦马拉松取得成功时，克里斯显得非常震惊。我是锐步，他是新百伦，我们俩在跑鞋世界里是竞争对手。可在那时，我是真心为他、为他取得的成就而感到高兴。我预测，伦敦马拉松对我们都有好处。这有助于加速路跑文化从美国输入英国。事实证明，我的预测是对的。两个品牌都从这项赛事以及由此带来的产品需求增加中获益良多。

现在，当我思考谁最适合负责锐步的英国分销业务时，我又想到了克里斯·布拉舍。他是显而易见的选择，他的经验非常丰富，还是个好人。问题在于，我们能说服他离开自己的分销公司吗？

我觉得，试一试没什么坏处，所以我问他能否在 Fleetfoot 公司附近的湖区和我见面。在吃了一顿大餐、喝了一瓶好酒，又喝了一两杯单一麦芽威士忌后，我们达成了协议。虽然协议含糊不清，但毕竟是个开始。我愿意把这件事想成是自己靠个人魅力（以及大量的酒精）说服克里斯和约翰加入锐步，但事实上，他们两人做出这个选择，更多的是因为斯蒂芬·鲁宾的资金支持和人际关系。克里斯相信，有了鲁宾的资金和我们的人气，锐步的未来只能有一个前进方向。

锐步在有氧运动市场上获得的品牌知名度，以及在国际重大跑步赛事中获得的持续性曝光，使这种上升的势头变得更加容易。史蒂夫·琼斯（Steve Jones）赢得了 1984 年芝加哥马拉松的冠军，他穿着锐步的伦敦系列跑鞋以 2 小时 8 分 5 秒的用时打破了世界纪录。随后，他又在 1985 年的伦敦马拉松上再次以破纪录的 2 小时 8 分 16 秒赢得冠军，这一次，他脚上穿的是日后成为传奇的锐步巴黎系列跑鞋。

历史在重演。就像福斯特公司早期阶段一样，每一次引人注目的胜利都在推动我们的品牌在跑步界传播。与此同时，有氧健身运动也让我们的品牌在世界各地的女性群体中越来越受欢迎。我们在接踵而至的成功中忙得晕头转向，加上我们只是刚刚敲开世界其他地区的大门，显然，未来的路上还有更多事情在等着我们。

SHOE MAKER

THE UNTOLD STORY OF THE BRITISH
FAMILY FIRM THAT BECAME A
GLOBAL BRAND

第 30 章

解决剩余部分

有保罗·法尔曼在美国牵头，有克里斯和约翰将他们的公司从 Fleetfoot 改为锐步英国公司，再加上斯蒂芬·鲁宾为两者提供资金，我的注意力转向了仍被称为"世界其他地区"的区域。

幸好，我在 1960 年通过威尔逊·冈恩 & 埃利斯事务所在全球尽可能多的市场注册了"锐步"这个名字。在杰夫和我刚刚起步时花这么一大笔钱是相当大胆的决定，而且当初由于未能偿还债务，这个决定差点导致我们破产。我就是在那种场合下第一次见到德里克·沃勒，他随后让法院撤销了破产清算决议，让我们在那场灾难中活了下来。德里克如今已经是我们团队不可分割的一员，我们的成功正是构建在他打造的法律基础之上。

我以为我们的品牌已经在所有重要地区得到保护，实际上却存在例外。日本就是其中之一。东京有一家百货商场的名字听起来与锐步相似，德里克参加了相关的协商谈判。

西班牙是另一个例外。我们的名称在这里被"盗用"了，而我亲眼见证了这个人的高超手段。西班牙允许任何人注册名称，而不考虑这个名称实际上的所有权由谁控制。这看起来很奇怪，但考虑到我在世界各地旅行的经历，我认为不管什么时候，一切皆有可能。

我安排自己、德里克和注册了锐步品牌的两个西班牙人在阿利坎特（Alicante）见面。事后我发现，这两人是从一个专门抢注有全球发展潜力的品牌的机构手中买下了锐步的商标，彪马此前也曾陷入过同样怪异的法律漏洞。

我们在一家餐厅的包厢里坐了下来，讨论锐步品牌在西班牙的所有权。我们作为率先注册并以这个名称从事商业活动 25 年的公司，理应是商标合法且独家的所有权人，那两人才是看到机会抢先下手的人，可在西班牙，逻辑在法律流程中不起作用。

点头致意并握手后，德里克开始从锐步角度出发做出解释。他大概未被打断地说了五分钟，然后停下来，看着对面面无表情的两个人，小声对我说："乔，他们一个字都没听懂，他们不说英语。"

这次会面根本就是徒劳。我们在美国和英国之间往返，开过那么多次会——自然都是用英语交流——我们两人谁都没想到，在西班牙我们需要雇用翻译。显然，对方也没想到这个问题。我们唯一说清楚的问题，就是几周后我们会带着能做翻译的人再找他们。

德里克有一个波兰朋友的女儿刚结束在西班牙的工作，两周后，我们带着她——伊冯娜（Yvonna）是家度假公司的销售代表——重新坐到同一张桌边。也许是因为每天都要面对游客的投诉，伊冯娜放松愉快的举止立刻打消了双方的不愉快。

两个西班牙人的态度是，只要我们同意把分销权交给他们，他们就同意放弃商标所有权。谈判进行了几个小时后终于达成协议，我们保留品牌商标的所有权，他们获得 10 年的分销权，同时有权选择续约。我们约定第二天上午敲定细节。

德里克采用了他常用的策略，他在合同中加入了至少两条他愿意取消的条款，以及至少两条他愿意修改的条款。等我们再次坐在一起时，他扔下了这颗炸弹。他告诉对方，如果不加入锐步在 10 年后有权购买西班牙分销公司的条款，我们就不同意给他们续约权。伊冯娜传达这个信息时脸上仍然带着微笑，西班牙代表却震惊了。德里克宣布："我们需要在合同里为公司确定一个出售价格。"

对方齐声抱怨，"我们怎么能给一家还没设立的公司确定一个未来价值？"他们问道。

"数字不重要，"德里克冷漠地说，"我们只是需要这个条款，从法律上允许合同终止。"

西班牙人的脸上又露出了微笑，"任何数字都可以吗？"

"没错。"

伊冯娜、德里克和我离开房间，让对方商讨为他们尚未设立的公司定什么价格能得到我们的同意。没过多久，他们就把我们叫了回去。他们希望将金额定为 2 000 万比塞塔，大约相当于当时的 1 000 万英镑。所有人都看着德里克。他把手指合在一起，眼睛直视前方。我能看出，他进入了"德里克时刻"，但其他人互相看着，因为安静而感到尴尬。伊冯娜的脸上又露出了微笑，过去她也见过这种情况。她和我平静地环视房间，两个西班牙人小心翼翼地看着彼此、看着我们，翻动着文件，等待德里克说话，说什么话都行。

"可以，"他停顿了一两分钟后说，"我们同意。"在他俯身签文件时，我看到他对我眨了眨眼。几年后，这两个西班牙人找过我们，抱怨这个价格太低了，可德里克那时已经用合同牢牢锁定了这个价格。

　　伊冯娜的工作特别出色，所以我们问她是否愿意担任我们和锐步西班牙公司之间的联络人，为期 12 个月。锐步国际有限公司负责支付她的工资，锐步西班牙公司负责安排她的办公场地。最后，因为太喜欢伊冯娜，他们干脆聘用她做了长期员工。

　　除了英国和美国，法国是世界上唯一一个我们可以称得上拥有"分销"网络的地区。我之前和一个名叫让 - 马克·戈谢（Jean-Marc Gaucher）的年轻跑步运动员达成过协议，他曾经打电话给我们的工厂，买了几双鞋带回巴黎转售给他的运动员朋友。我们会定期发给让 - 马克少量的锐步运动鞋，但他现在决定在巴黎开一家店，正式成为我们的分销商。我喜欢让 - 马克，他让我想起我自己，在生活中充满热情，总有好创意，还是个好人。我同意以我们两人各占 50% 股份的方式设立锐步法国公司，我的资金来源于出售自己的活动房屋——也就是 20 世纪 60 年代杰夫和我头脑一热买下来的"欧洲办公室"。

　　在让 - 马克和锐步不断取得发展的过程中，我曾多次拜访他。每次去看他，他开的车都会变得更好。他最初开的是一辆又小又旧的标致车，每次打开车门，司机座椅都会掉出来；到最后，他开上了一辆闪亮的捷豹轿车。有了我在资金方面的小小助推，这个身无分文的运动员变身成为锐步法国公司的共同所有人，并将继续拥有自己的品牌丽派朵（Reppeto），他在巴黎和其他地方都拥有店铺。我很高兴能在他的成功中出一份力。

　　我在出差上耗费的大量时间终于收到了成效。西班牙和法国公司已经开始运营，锐步东南亚公司也紧随其后。这家公司的大本营虽然位于中国香港，但覆盖了印度尼西亚、菲律宾和新加坡。在我来回穿梭于世界各地时，我最常用的办公桌就是飞机商务舱里从座位扶手中抽出来的小桌板。

很多年来，我都喜欢独自一人或者和国际团队中的成员一起在世界各地旅行。尽管我一直邀请琼加入，但她更愿意留在家里，与我们已经成年的孩子凯和大卫在一起。过去十年，我至少有一半的时间不在家。我猜有人会说，我疏于家庭职责，不是一个好父亲，但事后回想，我只不过是在重复自己体验过的家庭教育方式。我为家庭提供经济和物质支持，但我承认自己没有做出情感的投入。

我不仅设想并创造出了锐步这个旋转木马，而且我设置的速度太快，使得我无法停下——可我也不想停下。这样的激情极度耗费精力，导致我几乎没有时间做其他事，家庭生活自然也不例外。看到锐步成长而产生的兴奋感，和我小时候赢得跑步比赛时肾上腺素飙升的感觉一模一样。这让我感到自己很重要，好像我实现了目标、取得了成功，还获得了成长。假如锐步没能朝着正确的方向前进，我就会有空虚感，觉得没人能看到我，就像很多年前跑道上那个只有取胜才能赢得父亲关注的男孩一样。为了拥有那种活着的感觉，我仍然需要继续向前。

SHOE MAKER

THE UNTOLD STORY OF THE BRITISH
FAMILY FIRM THAT BECAME A
GLOBAL BRAND

第 31 章

锐步成了明星

▼

19 85 年 5 月 18 日，在我 50 岁那天，我达到了自己心目中的半生里程碑。50 岁！时间究竟都去哪儿了？毫无疑问，我的人生很圆满，很让人兴奋，可抵达中点后，尽管我已经卖掉了锐步这个品牌，但我还不准备放下一切，躺在摇椅上享受生活。我把这看作人生下一阶段的开始。

斯蒂芬·鲁宾拥有 55% 的股份，他被任命为锐步国际有限公司的主席。保罗·法尔曼保留 45% 的股份，他担任着锐步国际有限公司的总裁兼 CEO，而我作为国际部门的总裁，需要完成多年前我自己开启的工作，确保锐步真正成为一个全球性品牌。

保罗在美国开始启用小温德尔·奈尔斯（Wendell Niles Jr.），这对我们没有什么坏处，他是一个颇有影响力的电影制片人和电台、电视播音员。他的家族参与好莱坞名人圈的时间跨度和福斯特家族生产运动鞋的一样长。温德尔的父亲是一个传奇电台播音员，他的儿子继承了他的魅力，也继承了他的全部人际关系——他可谓继承了名副其实的体育和娱乐明星黄金名片簿。

随着营销大师开始工作，我们的鞋开始随处可见，甚至连世界传奇人物都穿上了我们的鞋。1985 年，穿着亮橙色的高帮 Freestyle 运动鞋走上红毯领取艾美奖的茜比尔·谢泼德（Cybill Shepherd）引发了媒体的一阵喧嚣。同年，米克·贾格尔（Mick Jagger）穿着锐步运动鞋，和大卫·鲍伊（David Bowie）一起出演了《街头漫舞》（*Dancing in the Street*）的音乐录影带。第二年，在曼彻斯特的一家电影院里，我和其他观众一起看着西格妮·韦弗（Sigourney Weaver）在电影《异形》（*Aliens*）里穿着锐步的 Alien Stompers 运动鞋在太空飞船里追杀异形杀手。锐步成为鞋类行业的摇滚巨星，我们的销量出现爆发式增长。

我们的下一波进攻旨在提高品牌在网球界的地位，我们在这个市场中占据的份额已经达到 20%。通过温德尔，锐步成为国际比赛的主要赞助商，其中名气最大的就是世界职业名人网球锦标赛（World Pro-Celebrity Tennis Tournaments）。这项赛事每年 7 月初在蒙特卡洛（Monte Carlo）举办，历时三天。这是一项极具吸引力的赛事，由摩纳哥的雷尼尔（Rainier）亲王主办，用来支持他已故妻子的慈善机构格蕾丝王妃基金会（Princess Grace Foundation）。

拥有传奇人物的加持，加上优美的地中海做背景，明星们蜂拥而至，向职业球员发起挑战。大型零售公司的 CEO 也被邀请参加二级锦标赛。网球比赛的娱乐性一向很强，但竞争强度同样很大，大多数明星都想赢球，尤其是罗杰·穆尔（Roger Moore）和约翰·福赛思①（John Forsythe）。午餐时间是结识网球专业人士的好时机，其

---

① 他在美国电视剧《王朝》（*Dynasty*）中扮演布莱克·卡灵顿（Blake Carrington）。

中包括在职业生涯中赢得过 28 次重要冠军的澳大利亚网球传奇人物罗伊·埃默森（Roy Emerson），以及印度兄弟阿肖克·阿姆里特拉吉（Ashok Amritraj）和维杰·阿姆里特拉吉（Vijay Amritraj）。

锐步一直有一个可以俯瞰蒙特卡洛乡村俱乐部四个表演场地的 VIP 包厢。我们旁边的一个包厢专为弗兰克·西纳特拉（Frank Sinatra）保留，尽管我从未在职业名人赛上见过他，但我清楚地记得一个不可思议的瞬间，罗伯特·德·尼罗（Robert De Niro）将头探进我们的包厢，问我们知不知道弗兰克去哪里了。我告诉他，弗兰克包下了巴黎酒店的整整一层，也许他去那里能找到人。所有人都住在巴黎酒店，温德尔为他邀请的所有职业球员、明星和企业嘉宾预订的都是那里的房间。

詹姆斯·邦德（James Bond）从 20 世纪 60 年代开始就是电影文化的一部分，两位参演了这个系列电影并且让角色成为传奇的伟大演员肖恩·康纳利（Sean Connery）和罗杰·穆尔也参加过其中一次网球赛，这让琼有了坐在两人中间拍下经典照片的机会。肖恩拍照时非常惊慌，他不停拍着身上 007 风格燕尾服的每一个口袋。

"我把午餐票丢了。"有人在前方的花园式主席台上讲话时，他用温柔的苏格兰口音小声说道。

"我觉得你进去时不会遇到麻烦。"我在走上台前准备介绍比赛奖杯颁发者前向他保证。站在主席台上，我在说话前停顿了一会儿，看了一眼站在我身边的影星琼·柯林斯（Joan Collins）和雷尼尔亲王，又看了看观众席上看向我的无数明星。我能认出查克·诺里斯（Chuck Norris）、琳达·埃文斯（Linda Evans）、迈克尔·凯恩（Michael Caine）和斯蒂芬妮·鲍尔斯（Stephanie Powers），可现场还有更多的人。"哇哦！"我心里这样想，"我的天啊！"

那天晚上，我们在"明星殿堂（Salle des Etoiles）"举办了晚宴，那是一个非常壮观的会场，在温暖、干燥的夜晚，这个会场的屋顶甚至可以打开。所有运动员和明星都参加了晚宴，连弗兰克·西纳特拉都来了。约翰·福赛思来到我的桌边，伸出手说："你好啊，乔，很高兴再次见到你。"

我震惊了，"我们只见过一次，约翰，"我说，"你怎么会记得我的名字？"

"那是我的工作。"他回答。

除了品牌与蒙特卡洛职业名人网球锦标赛备受瞩目的合作外，锐步在网球界也因为赞助的球员获得多场重大比赛的胜利而不断取得成功，这样的球员包括张德培（Michael Chang）和阿兰特查·桑切斯·维卡里奥（Arantxa Sánchez Vicario），两人后来都赢得过法网冠军。张德培赢得法网冠军时只有 17 岁零 3 个月。先不说他一定进行过漫长而高强度的训练，但张德培确实是运动天才，天生拥有所有国际网球冠军必须拥有的神奇天赋——卓越的手眼协调能力，超强的运动能力，还有坚定不移追求胜利的意志。我自己拥有上述三个天赋中的一个，这已经让我谢天谢地了。

在网球界大获成功后，我们经人介绍进入了英国排外的马球界。通过罗纳德·弗格森少校（Major Ronald Ferguson），我们赞助了在皇家伯克郡马球俱乐部举办的比赛，还在温莎大公园（Windsor Great Park）赞助了一项特别的比赛，查尔斯王子（Prince Charles）在那场比赛上向我颁发了一个水晶碗。

这都是真的吗？我真的在马球场上和皇室成员觥筹交错，我的公司真的在为戴安娜王妃（Princess Diana）、约克公爵夫人，以及她们的孩子们提供鞋吗？一边感到不可思议一边和别人握手已经变成我的习惯，直到最后，与有钱人和名人拍肩聊天几乎成为我的日常。

锐步现在已经是一个享誉全球的品牌，可让我感到难过的是，博尔顿没有多少人知道这个品牌与这个地方的渊源。几乎没有人能将锐步、福斯特，以及发明了带鞋钉跑鞋和运动鞋的我的祖父乔联系在一起。我觉得自己有责任为此做些事，去致敬我们家族的前几代人，他们为锐步今天的腾飞奠定了基础。

幸运的是，我遇到了一个可以将两者联系在一起的机会。我的办公室仍属于工厂的一部分，但国际部门（市场营销）需要与生产部门分离。我们为贝里工厂任命了一位新的经理，因此，我参与生产环节的工作也越来越少。现在，我管理着 20 多个海外分销部门，我需要为这份工作量极大的工作找一个独立的办公室。我很明确，这个办公室应该设置在我的故乡博尔顿。最初我们把工厂设在贝里，是为了不在当地和父亲及福斯特品牌竞争；可如今，不论父亲还是福斯特品牌都已经不在了，我也应该回家了。我觉得这是正确的选择，有助于当地人了解锐步与福斯特两个品牌之间的联系。

博尔顿市议会提供了几栋旧建筑作为备选，但我不愿意翻修旧建筑。我希望锐步设置在能让我们感到骄傲的地方，而不是放在共享区域，还得重新装修，我不希望锐步藏在公众视线外。这是我在博尔顿工业史上确立锐步地位的一个机会。最终，他们在接近市中心的学院街上为我提供了一片区域。就建筑计划达成一致后，我们开始建造锐步国际部门的新总部。

在贝里一栋废弃的啤酒厂和杰夫一起踏上这段旅程的 29 年后，

我站在家乡的路边，看着起重机吊臂在新的国际部门办公室上方转动。我想知道杰夫会怎么看待我们的成就。也许他会拍拍我的后背说："我一直知道我们能做到，乔。"尽管很多时候他有过怀疑，也有过担心。我也试着想起父亲、祖父乔和祖母玛丽亚的脸，我相信，他们一定很骄傲。祖父乔一定会因为他最初的事业发展到这个程度而荣幸，而祖母玛丽亚会确保我的身体足够暖和。至于父亲呢？我觉得他应该会感到骄傲，尽管他大概率不会表达出来。

SHOE MAKER

THE UNTOLD STORY OF THE BRITISH FAMILY FIRM THAT BECAME A GLOBAL BRAND

第 32 章

文化冲突

当我专注于"抚养"锐步这个对我来说最大的孩子时，我也成了自己女儿的两个孩子的外祖父。凯结婚、离婚，又再婚，她和每任丈夫都有一个孩子。保罗（Paul）出生于1981年，随后是1985年出生的马克（Mark）。我的人生很幸福，不管是家庭、生意还是社交，从各方面看皆是如此。当你的生意很成功、家庭成员越来越多、社交圈里还有世界上最有名的明星时，你怎么可能不开心？对于一个在博尔顿偏僻地区长大的孩子来说，这个结果一点也不坏嘛！

过去25年，我将生意和家庭生活完全分离，这主要出于我的主观选择。可现在，琼开始问我能否带她一起去国外旅行。她出现这种改变，很大一部分原因在于一些和她关系非常亲密的朋友移居去了新西兰，和我一起出门让她有机会和老朋友叙旧。

亚历克（Alec）是个印刷匠，水星公司的第一批信笺就是由他印刷出来的，可在自己的生意失败后，他接受了新西兰吉斯伯恩（Gisborne）的一份工作。当我前往澳大利亚敲定分销协议时，琼去新西兰和亚历克及其妻子共度了几天，随后我才加入他们。

从新西兰出发，琼和我启程参加锐步日本公司的启动仪式。自从第一次环球旅行后，我去过东京好几次，见过很多家大型日本公司，也试图选择一个分销商，但做起来却没那么简单。我们在日本需要遵守一套流程，这个国家有一套特有的进口方式。

我们需要设立贸易公司购买产品和提供资金，还要通过贸易公司处理所有文书、海关手续和外汇问题。贸易公司随后再将产品出售给分销商，由分销商负责营销，并将产品出售给零售门店。

对我们来说，这相当于多加了一层成本，会导致我们的鞋在日本卖得比现在改名为亚瑟士的虎牌更贵。我们争辩道，指定分销商后，他们应该直接找我们下订单，就像在大部分国家一样，届时我们会聘用清关代理负责商品的清关。可我们意图规避贸易公司的协商没有成功，最终，我们指定丸红商事（Marubeni）为贸易公司，住友商事（Sumitomo）为分销商，两家公司共同以锐步日本公司的名义运营。

除了贸易公司系统外，在日本实际经营业务的方式也有所不同，后来我们在锐步日本公司买下一个高尔夫球场的股份时了解到这个现实。拥有 25% 股权的锐步国际有限公司因此成为高尔夫球场的共同所有权人。这看起来很奇怪，但我们的日本分销商认为这是一种绝对合乎逻辑的做法，可以扩大锐步品牌在日本的影响力。因为这件事，我们很快发现，拥有高尔夫球场的利润比卖鞋的利润还要多！

欧洲的做法更容易理解，意大利就是我的下一个目的地。我坐飞机前往米兰（Milan），去和意大利鞋类品牌蒂瓦雷泽（Divarese）的CEO 翁贝托·科伦坡（Umberto Columbo）见面，蒂瓦雷泽是贝纳通集团（Benetton Group）旗下的品牌，总部位于米兰以北 35 英里（约56 千米）的小城瓦雷泽（Varese）。翁贝托显然了解制鞋行业，而贝纳通集团对分销业务了如指掌，这正是他们在我的潜在分销商名单上名列前茅的原因。

那天晚上，翁贝托开车带我经过风景迷人的乡村，来到位于小村圣玛利亚德尔蒙特（Santa Maria del Monte）的圣山山顶。我们坐在一个小餐馆的阳台上，喝着意大利红酒，视线越过乡村小屋的红色屋顶，欣赏着眼前的美景，看着太阳从伦巴第和皮埃蒙特的田野及草原上落下，看着瓦雷泽湖面上的波光渐渐消失。这是感谢上帝恩赐的绝好时刻。在旅行过程中，我一直想抽出时间暂停一下，享受现在的生活，试着活在当下。这当然属于那种时刻之一，未来也会有更多这样的时刻等着我。

与德里克·沃勒讨论过翁贝托的商业提案后，我们签署了文件，允许翁贝托成立锐步意大利公司，使之成为锐步国际部门的最新成员。锐步意大利公司最初在蒂瓦雷泽的工厂里办公，后来搬到外面，有了独立的办公室和仓库。

这次旅行我身边多了一个人，他就是我们有氧健身操产品的幕后明星安杰尔·马丁内斯，那时他已经升任锐步国际有限公司的营销副总裁。新成立的锐步意大利公司的销售主管吉安弗兰科·特鲁齐（Gianfranco Terrutzi）邀请我们作为贝纳通车队的客人，去现场观看一级方程式赛车意大利站的比赛。这个机会，我们绝不会错过。我们两人都算不上"汽车迷"，可哪个男人会拒绝这样的邀请呢？

吉安弗兰科加入锐步前曾为阿迪达斯工作。过于热情的行为举止让所有见过他的人对他过目不忘，也让他成为那些没有见过他的人的谈资。因此，他认识每一个人。他安排我和安杰尔参观赛场，让我们坐上比赛官员的车环绕赛道，而且还专门安排我挥动方格旗，示意周五的练习赛结束。对我来说，这是又一个童年梦想变为现实。

国际部门正在迅速扩张。那时，我们每个季度至少增加一个新的分销商。在我的清单上，下一个目标是德国。我想在最危险的地方设立锐步德国公司。我们知道，因为阿迪达斯和彪马的势力非常强大，全德国的体育商店里都不会给锐步的跑鞋留出空间，但有氧健身操产品就是另一回事了。

茵特体育德国公司（Intersport Germany）的 CEO 对美国兴起的这股新健身热潮心知肚明，他迫切地希望分一杯羹，想让我们的产品进入他的商店。他很热情地想向我展示自己的经营情况，他开着自己马力十足的梅赛德斯汽车来机场接我，我们开车去了电影《学生王子》（*Student Prince*）的故乡海德堡（Heidelberg）。在德国的高速公路上，我们一路狂飙。当你的车时速达到 200 千米时，你也会倾向于开快车。从很多层面来看，这都是一次快速而短暂的拜访，但足够我们敲定一张非常好的 Freestyle 运动鞋订单。

可现在，我们需要做得更大。我去了几个地方，面试了一些锐步德国公司的 CEO 候选人。我们已经计划在 1986 年的慕尼黑国际体育用品博览会（ISPO）上举行盛大的启动仪式，我们准备了百老汇风格的音乐舞蹈表演，所以我需要找出能够填补这个职位空缺的人。我决定，这个人就是理查德·利策尔（Richard Litzel）。尽管这个人给人的第一印象是古板、过于严肃的感觉，但实际上却是一个让人感到温暖且非常善良的人。解决完 CEO 的任命，启动仪式前我要完成的事就只剩 99 件了。

就在 ISPO 召开前几天，当德里克·沃勒忙于处理成立德国公司的各种细节问题时，我得知理查德不再愿意担任德国公司的 CEO。

"我们该怎么做？"我问德里克。

"只有一个办法，"他回答，"你去做 CEO。"

这就是我被任命为锐步德国股份有限公司 CEO 的原因。太棒了！更多的工作，这正是我所需要的。

我们在 ISPO 上大获成功，至少其他人是这么对我说的。我躲起来了，德里克告诉我彪马的律师正在找我，我在那之后一直保持低调。彪马认为锐步使用横向条纹是对他们"Formstripe"这种同为横向条纹设计的侵权。考虑到我现在是 CEO，而且我们还想尽可能多地得到媒体报道，所以想保持低调并不是一件容易的事。然而，我还是远离了百老汇演出，控制了自己出现在锐步展位的时间，想办法在展会期间避开了彪马的法律团队。

我根本不可能一边做锐步德国公司的 CEO 一边做国际部门的总裁，所以回到英国后，我和德里克见面，希望他能想出一个让我摆脱第一个角色的办法。就在我们考虑不同方案时，电话响了，打来电话的是理查德·利策尔。自从他放弃职位后，我们一直没听到他的消息。他想解释自己没有接受那份工作的原因。我们找到他时，他是网球拍生产商威尔胜（Wilson）的总经理。他没想到锐步的任命用了那么长时间，那意味着他要在 ISPO 马上就要召开时离开威尔胜。良心不允许他这么做，所以他宁愿放弃机会也不想让威尔胜失望。我告诉他，我很欣赏他的职业精神，但我接着问他现在是否愿意加入我们。幸好，他说愿意，我肩上的责任终于少了一个。

在 1987 年的 ISPO 上，由理查德担任锐步德国公司的 CEO，美国的营销团队在一个私人场地举办了一场特邀表演。温德尔安排好莱坞影星简·西摩（Jane Seymour）飞到德国，面向德国体育零售商发言。简刚出道时是舞蹈演员，后来开始演戏，她最有名的角色大概就是《你死我活》（*Live and Let Die*）里的邦德女郎。现在，她是众多穿锐步鞋的一线女演员之一。这个安排又一次取得巨大成功。我们如今状态正好，已经做好了与阿迪达斯和彪马在他们的主场对抗的准备，但我们靠的是有氧运动鞋，而非跑鞋。

我们在很多较小的国家里的组织架构安排，就不像德国公司一样泾渭分明了。有些分销商除了锐步，也出售其他品牌的产品。瑞士就是这样的地区之一，我就是在这里遇到新人鲁埃迪·西格（Ruedi Sigg）的。鲁埃迪涉猎的领域很广，他拥有任天堂游戏和火柴盒模型车在瑞士的分销权，拥有玩具连锁店，同时还经营出版行业的业务。

鲁埃迪的人生经历相当丰富多彩，他曾经在美国住过一段时间，在那里学会了飞行技术。他的其他成就还包括赢得过高山滑雪冠军、做过赛车手，他还是 100 米短跑运动员。如果要找一个百分百用好人生所有时间的人，他就是最好的例子。

当我去巴塞尔（Basel）拜访他时，他决定开车带我去一座陡峭山峰的山顶，让我看看瑞士、德国和法国交界处的样子。那是一个冬天的夜晚，地上的积雪没过脚面，但这并没有阻止鲁埃迪像开赛车一样开车，我们的车轮不停打转，车后扬起阵阵积雪。我眼前只能看到厚厚的白色，但鲁埃迪向我保证，我们还开在路上，或多或少算是开在路上吧。我惊恐地抓紧座位，看着我们的车高速穿过森林，差点撞在树上，然后一个打滑停在了山顶的一片开阔地上。在这里，我们迎来了下一个挑战。我的腿不停颤抖，我跟在鲁埃迪后面爬上了一座覆盖着冰层的木塔。这更像是生存挑战，而不是旅游观光，但这段经历显然让人难以忘怀，我们因此成为朋友，友谊一直延续至今。

1987 年夏天，我去了波兰。推动我去波兰的人是德里克·沃勒。他有波兰的朋友，其中包括我们在西班牙的翻译伊冯娜。通过沃勒，有个商人问我们是否考虑在波兰生产。在那个年代，这是在波兰销售锐步鞋的唯一途径。

我和一个同事一起坐飞机去了华沙，入住希尔顿酒店后，我们和德里克的联络人见了面。我们讨论了在这里进行生产的可能性，可除了足球产品外，波兰人对运动鞋几乎没有兴趣。对方完全没有安排我与运动服装生产商见面，这让上述事实越发明显。尽管结果让人失望，但这次旅行却因为几个原因让人难忘，其中之一就是看到汽车大排长队在市中心等着加油，最多的时候有 20 辆。另一个原因是我们惊奇地发现，在希尔顿酒店，我们两人只花几美元就能吃到午饭。

然而，对于那次波兰之行，我最难忘也是记忆最模糊的一段经历，却发生在我离开那天的下午。我们应邀会见了波兰体育部长。他送给我们一些纪念币和钥匙链，随后邀请我们和他一起喝一杯。

我们去了一个小房间，里面有一张桌子，周围放着几把椅子。桌子上放着一大盘新鲜的草莓，还有四个伏特加酒杯。邀请他的女性助手加入我们后，我已经记不清我们到底碰了多少次杯，酒杯中装的都是 70% 酒精纯度的斯利沃威茨酒，我们的嘴里还塞满了草莓。我只是刚好保持了能看清手表的清醒，然后提醒开心的主人我们还要坐飞机回曼彻斯特，而且飞机马上就要起飞了。面对我的担忧，他挥了挥手，又一次给我的酒杯里倒满了酒。"敬好朋友，旅途顺利。"他含糊不清地说道，然后让助手给我们叫了一辆车。

这时，距离我们飞机的起飞时间已经所剩无几。虽然在酒精的作用下我不再焦虑，但我也知道，我们不可能及时办理登机和通关手续。可我根本不需要担心。那辆车并没有送我们去机场航站楼，而是直接开到了停机坪上的英国航空公司飞机脚下，我们不需要办理登机手续，也不需要过海关。舷梯顶部的一个空乘用训练出来的微笑掩饰着沮丧，她把我们两人带到了第一排的两个座位上。直到飞机在曼彻斯特降落前，我和我的同事都像婴儿一样睡得无比香甜。从那之后，我竭尽所能避免再次喝到斯利沃威茨这种酒。

SHOE MAKER

THE UNTOLD STORY OF THE BRITISH FAMILY FIRM THAT BECAME A GLOBAL BRAND

第 33 章

过山车

▼

锐步国际部门如今已经变得极有实力，我的任务也从扩张版图变为管理现有分销商以及各地的需求。这些分销商对服装的需求不断增加。品牌服装能提供比鞋类大得多的公共曝光度。由于我们当时没有服装部门，所以按照我之前与 Carter Pocock 公司的协议，每个国家的分公司只要得到英国的国际总部的批准，就可以自行生产少量服装。

我们鼓励各分销商在服装生产问题上进行合作，很多时候他们使用的是同一个生产商。大多数情况下，这些服装很简单，都是些运动服、运动背心、短裤和 T 恤。西班牙又一次成为不同寻常的那个国家。早年间，西班牙公司的收入主要来自海滨地区的游客，所以他们决定生产游泳衣。这种产品并不在我们的考虑范围内，或者说也没有得到我们的"正式"批准，但他们提出的观点很有说服力，而且我们获得了不菲的商标权使用费，所以我们允许他们继续生产。

但保罗却想统一锐步的全球服装产品。他的愿景是，无论你走到世界的哪个角落，你都应该看到同样的产品。他认为，整个美国只有一条产品线，所以全世界也应该只有一条产品线。这种狭隘的思维可能源于他害怕坐飞机——他出门旅行不多，所以没有体验过美国以外的不同文化。我争辩道，这种立场会起到反作用。例如，如果在挪威，你会想要暖和的衣服；如果在南欧，你会想要轻便的棉质服装。美国 XL 号的 T 恤穿在日本人身上可能就像一条连衣裙。重要的是了解不同的市场，而这已经成为我的特长。可保罗的固执己见最终占据上风，他在没有咨询我的国际部门及海外分销网络的情况下，就设置了一个为全球提供通用产品的服装部门。

那一天终于到来，所有分销商都被邀请到波士顿总部，了解新的服装产品。当美国服装团队介绍产品时，我们的国际团队很兴奋，都想知道他们能提供什么样的服装。保罗·法尔曼走上讲台，会场安静下来以示对他的敬意。他感谢所有到场的人，并邀请大家下订单。

很快，保罗的服装团队围了上来，表达出对参会人员缺乏兴趣的担忧。保罗再次走上讲台，引起观众的注意。"你们现在就要下订单。这是下一季的全球产品。从现在开始，我们不再允许你们从其他渠道购买服装，我们这周就需要把你们的订单下给工厂。"

国际分销商都在摇头。他们很困惑，都来找我，希望我做出澄清。我告诉他们，不要慌张，如果想要某些全球产品，那么就现在下订单。如果暂时不确定，现在就什么也不要买。

订单数量稀少让保罗很是担心。我提醒他，当初我警告过他，如果在设计的早期阶段不征求国际分销网络的意见，整个系统就不会起效。他不情愿地同意让我处理这件事。我告诉分销商们不要担心，暂时只关注鞋类产品即可，并让他们相信我能找到解决方案。

我做的第一件事就是任命了一个主要工作地在波士顿的国际服装

经理，让他与美国服装团队合作，确立国际合作模式。我们在波士顿成立了一个小型团队，负责协调美国内部的鞋类、服装产品和营销活动，同时我也在博尔顿成立了一个团队管理海外地区，让我可以研究战略和宣传策划。

身在美国期间，我的人生因为一通电话而天翻地覆。当时我和德里克·沃勒一起在保罗的办公室，保罗正在向我们展示他安装在办公室里的吃豆人游戏机，他说这个东西"能帮助他放松"。德里克和我皱了皱眉头，互相看了一眼。这时电话响了，我们正好不用发表评论。保罗拿起电话。他的表情突然从开玩笑变得异常严肃。"是琼的电话。"他一边把话筒递给我，一边做出这样的嘴型。

电话的另一端，琼在抽泣，几乎说不出话。我终于听清了两个词："凯……白血病……"

我把听筒放回电话机上，小心翼翼地好像不想打破平静。

"是凯，我女儿。她得了白血病。"

凯是一个活泼、开朗、热爱生活的女孩。她喜欢美发师的工作，并且深爱着自己的两个儿子，她对生活的热情充满感染力。27 岁的她，怎么可能正面临死亡呢？

保罗立刻拿起电话，让他的秘书为我预订回英国的机票。

这是我第一次乘坐协和式客机，那是当时速度最快的喷气式客机，可三个半小时的飞行时间仍然给人一种没有尽头的感觉。我的肠胃好像打了结一样，头昏昏沉沉的。为什么是凯？她的孩子保罗和马克怎么办？他们还那么小，一个只有六岁，另一个只有一岁。

接下来的 12 个月，凯经历了痛苦的化疗，并接受了骨髓移植。她的大部分时间都是在医院度过的，很多时候都是一个人住在隔离病房。我尽量把去国外出差的工作分派给其他同事，可尽管我不愿意离开凯，但还是有一些提前安排的国外商务会议必须由我参加。

在英国期间，我会在每天完成工作后开车直接去曼彻斯特的克里斯蒂医院，晚上在医院陪伴她。

她的两个儿子搬来与我和琼一起生活，尽管我们两人见过凯很多次，但 10 岁以下的儿童却被禁止探望。向两个满脸泪痕的孩子解释他们为什么不能见母亲，这太让人心碎了。我们能做的，只是尽量让他们开心、安心。

凯只在少数情况下可以离开医院，例如，她的血细胞计数足够稳定，以及多轮化疗没有让她感觉不舒服。其中一次离开医院是在 1987 年 12 月一个寒冷的早上，她去参加了我们在博尔顿新的国际部门办公室的启用仪式。

我站在入口处的石制台阶上。六个月前，在保罗·法尔曼的帮助下，我在这些台阶下埋下了密封的不锈钢时间胶囊（里面装了一双锐步鞋，还有证明时间的文件），我还在这里面对由工厂员工、我的家人、记者、政府部门人员和一些当地显要组成的大批观众发表过演讲。

如今，我们为新办公区增加了一层好莱坞色彩。查尔顿·赫斯顿（Charlton Heston）当时正在英国的松林制片厂（Pinewood Studios）工作，他是参加办公区启用仪式的最知名的人物。参加仪式的其他名人还包括热门电视剧《希尔街的布鲁斯》（*Hill Street Blues*）里的明星韦罗妮卡·哈梅尔（Veronica Hamel），我们的演员兼制片人朋友约翰·福赛思，来自职业网球圈的朋友阿肖克·阿姆里特拉吉，以及马球界的罗纳德·弗格森少校（约克公爵夫人的父亲）。

　　让凯高兴的是，温德尔还想办法说服饰演"希曼"（Heman）的多尔夫·伦德格伦（Dolph Lundgren）前来参加仪式，最让我开心的就是看到他和凯在一起有说有笑。

　　我谈到了锐步如何崛起并成为世界第一的经历，以及我有多么自豪，不仅为自己，也为博尔顿这座城市而骄傲。查尔顿·赫斯顿原本应该在这个时候为墙上的一块牌匾揭幕，但他迟到了。我不想让大家扫兴，所以我让母亲走上台拉下绳索。她很开心地做了这些事。等到查尔顿来到现场并给了她一个大大的拥抱，她就更开心了。为了拍照，我们和查尔顿重新揭幕，这一次，他用自己特有的流畅方式完成了揭幕。

　　启用仪式结束后，我们在博尔顿市政大厅安排了曼彻斯特哈雷交响乐团（Hallé Orchestra）的演出。除了所有工人外，我们还邀请了全部国际分销商和超过 200 名学生观看演出。这是一场盛大的活动，完全按照演艺圈的模式操办，而这一切都要感谢温德尔。

　　站在舞台侧面欣赏着眼前的一切时，我很想知道，父亲对这番场景会有怎样的看法。他不是一个喜欢喧闹的人，所以他会觉得没必要这么折腾，那是在浪费钱。他喜欢一切保持简单，可锐步早就过了这个阶段，而且是在很久很久以前。

SHOE MAKER

THE UNTOLD STORY OF THE BRITISH
FAMILY FIRM THAT BECAME A
GLOBAL BRAND

第 34 章

死亡和重生

当凯继续与白血病做斗争的时候，我和温德尔·奈尔斯一起去了蒙特卡洛，在雷尼尔亲王的宫殿里和他讨论了当年的网球职业名人赛。我们走过有警卫站岗的侧门，被带着走过铺着地毯的走廊，随后来到一片巨大的接待区，亲王在一个侍从的陪伴下也来到这个地方。当温德尔像个老朋友一样向他打招呼时，我不禁产生了一丝惊讶。温德尔后来告诉我，因为自己在好莱坞的关系，亲王才认识了格蕾丝王妃。

我们喝着香槟，亲王问了很多与锐步有关的问题，温德尔接着提到了凯和她得白血病的事。我们能看出雷尼尔亲王非常难过。他离开房间，回来时拿着一本签名版的讲述蒙特卡洛的书。他坚持让我把这本书交给我女儿，还说希望在下一次网球赛上能看到我女儿。我能做的也只有充满希望了。

尽管不愿接受，但我心里明白，凯大概撑不过去了。她的情况没有改善。如果非要说有什么变化，那就是她的身体状况更糟了，那些治疗除了减少她的寿命外似乎并没有起到其他作用。

不过在 1988 年夏天，凯的健康状况变得相对好了一些，她得以两次离开医院。第一次是在 6 月参加锐步组织的一个慈善活动（又一次是在温德尔的协助下）。"博尔顿明星之夜"慈善活动为城市修建医院筹集到惊人的 11 500 英镑，我认识的好莱坞名人约翰·福赛思和多尔夫·伦德格伦也参加了这次活动。

接下来的一个月，凯的身体足够健康，可以跟我和琼一起去蒙特卡洛参加我们赞助的网球职业名人锦标赛。我们在巴黎酒店预订了一个套间，还带上了她的小儿子马克与他的保姆，马克的哥哥保罗留在了他父亲身边。

和往常一样，这项赛事依旧星光熠熠，好莱坞大牌明星、网坛传奇人物以及我们这样的企业赞助商混杂在一起应酬交际。在一次特别晚宴上，罗杰·穆尔来到我们的桌边，为凯送上了温德尔为她订购的一条金项链。琼、凯和我都震惊得说不出话了，凯是因为"詹姆斯·邦德"来到了我们身边，琼和我则是为温德尔这个既体贴又慷慨的礼物而感动。

当我们在初夏回到英国时，凯已经筋疲力尽，她重新住进了医院。我知道她的时间不多了，可每当快要不行了，她又总能恢复到相对健康的状态。

1988 年 10 月 20 日，那是我的心保持完整的最后一天。我在美国参加锐步的一个活动时，消息传来了。凯突然去世了。她的健康并非逐渐恶化，甚至也不是迅速恶化。如果我知道她离去世不远了，我根本不会出门。她就这样突然离开了。

关于谁告诉我的消息、我在哪里、我的反应是什么，我的这些记忆依旧很模糊。我只记得周围人关切的目光，记得光秃秃的墙壁，还有自己突然爆发的幽闭恐惧症。我必须离开办公室去做些什么，仿佛活动起来我就能找到办法，我刚刚听到的残酷消息就不再是真的一样。

尽管我曾经在这栋楼里、在这间办公室里、坐在松木办公桌的这一边，无数次看过一张家庭合照相框的背面，可突然间，一切都变得陌生起来。我觉得自己很渺小，很脆弱，就像一个被一群陌生人包围的小孩子，急切地想在装饰物或情感层面找回熟悉感。我需要温暖，需要舒适，我需要远离乏味的企业世界。我需要回到自己的卧室，紧靠着母亲，让她的手臂抚摸我和哥哥，听着父亲沉稳的声音，一起看着世界燃烧。

我永远忘不了回家的那段旅程。在我的一生中，命运总是适时地为我送来好运和诸多机会。可在那一天，我明白了，命运有时也很残酷。坐在座位上，启程去见我死去的女儿，在 3 000 英里（约 4 800 千米）的航程中，"震惊—否认—想念"的循环反复出现，我的大脑不愿意接受现实，不愿意相信。这件事违反了自然规律，父母不该比子女活得更久，这是不对的。

我所看到的一切似乎都像是谎言。座位上方的塑料板，空乘人员的微笑，还有窗户外面的云层。这些东西过去我都见过，我已经把它们视为旅程的一部分，我期望下一次能看到它们，也记得上一次的它们。可现在，它们给我的感觉不一样了，好像它们只是电影布景里的道具，是巨大阴谋的一部分，想骗我相信我的女儿已经死了。它们都是有罪的。如果它们都消失了，也许这个谎言也会消失。

我闭上眼睛。我不相信任何事，不相信任何人，当有人送来饮料和食物时，我只是让自己深陷在座位里。我觉得酒精也许能安抚我脆弱的神经，但是尊尼获加（Johnnie Walker），这个曾在众多压力重重的社交场合中为我铺平道路的我的安慰伴侣，现在也抛弃了我。它只是我那充满怀疑的世界里的另一个虚伪的朋友。

"伤心欲绝"是一个经常被滥用的词，它总是被人们在普通的环境中武断地使用，这让它已无法有效地描述一个父亲痛失亲人时撕心裂肺的痛苦。一个父亲因为失去女儿而产生的难以自拔的悲伤，不仅源于无力感带来的折磨，也源于你知道再也看不到孩子充满感染力的微笑，再也无法在恶作剧、调侃她时被她批评。你再也感受不到那些情绪，看不到她看着自己的儿子踢足球，或者坐在外公腿上听外公讲愚蠢的笑话而开心时散发出的母亲的自豪感。

可最重要的感觉，却是一种为人父母的失败感。不管你的教育方式是什么，也不管你的孩子年龄多大，一个父亲对女儿负有的主要责任就是保护。我本该成为她未来之路上的守护者，本该是帮助她远离伤害的哨兵，本该为她提供发光发热的机会，本该冲散一切绝望让她永远快乐，可是我失败了。

琼和我就像其他失去亲人的夫妇一样，以不同方式应对凯的死亡。她的情绪是外露的，谁都可以看到，而我却把一切埋在心里，让内心压力大到接近爆炸的程度。和我父亲以及我父亲的父亲一样，我有着和他们相似的想法：当情况变糟时，坚强的人会把一切闷在心里，情绪应该自我应对，不该拿出去分享。

对于我显而易见的冷淡表现，琼非常生气。她希望我和她一样表现出受伤的样子。她无法理解我为什么没有感受到像她一样的沮丧、愤怒、充满负罪感，认为自己应该承担责任。她指责我，对我发火。语言变成了武器，语言造成了伤口。她对我的人生的首要任务提出了质疑——有些质疑确实引起了我的深思。我为什么把锐步放在家庭之前？我真的这么做了吗？我开始怀疑自己的选择。

　　我这一辈子追求的都是动力、进步、成长和成功。没错，也许我可以说，这更多地与我自己的成就感有关，而且在最初阶段，成就感就是我的动力。可当我人生的巨大空虚被填满后，"成就"的意义更多地变成能为家人提供什么。我只懂得这种做法。

　　也许我们之间的关系早就出现了细微的裂痕，但凯的死亡却让裂痕进一步扩大。在接下来的几年里，这些裂痕会连接在一起，形成一道无法弥补的鸿沟。我失去了一个女儿，但琼却失去了她最好的朋友，同时，她也失去了与孙辈亲近的机会。保罗和马克被拆散，分别回到各自的父亲身边生活。

　　我经历了最惨痛的悲剧，正因为如此，我仿佛被一层层剥开，真正的、原始的自我暴露在世人眼前。我努力工作，打造出了锐步。可现在，我需要更加努力，才能重塑自我。

SHOE MAKER

THE UNTOLD STORY OF THE BRITISH
FAMILY FIRM THAT BECAME A
GLOBAL BRAND

第 35 章

创始人的角色

▼

随着锐步不断发展，不断有新人加入美国公司的运营，改变迟早会发生。保罗已经退任，而新董事会希望更多地控制国际业务。因此，我在获取全球新分销商方面的作用逐渐变得不那么重要了。1989 年年初，董事会建议我辞去总裁一职，接受"创始人"这个头衔，成为锐步的大使。"乔，你现在的工作太多了，我们想让你的生活轻松一点儿。"

这样的"建议"是不可避免的。锐步那时一年的销售额已经超过30 亿美元。这是一家大公司了，他们不想只负责美国，而由我一个人负责世界其他地区。他们想控制一切，方式就是安插自己人，他们可以对这样的人下命令，而不是放任我不咨询他们的意见就做任何自己想做的事。董事会认为我这个创始人过于独立，他们觉得我可以自由做出不受董事会控制的决定。

从我的角度出发，失去凯改变了我的人生态度。凯被夺走后，我的激情、精神和动力也随之消失。我已经为改变做好了准备，就像我的人生故事中的很多事情一样，他们的"建议"来得正是时候。

　　我不想再战斗了，我也不需要再战斗了。与其面对业务处理、合同谈判、管理办公室和工作人员带来的压力，"大使"这个新角色可以让我在不把自己和生意卖给他人的前提下，享受过去那么多年工作的成果。我不需要深谋远虑，不需要制订战斗计划，也不需要为实现目标而拼搏。心怀理想奋斗了一辈子后，我已经实现了自己的梦想。如今，是时候活在当下，是时候享受自己拥有的一切了。

　　但这并不意味着我不需要出差。我已经记不清自己究竟有多少次飞在万米高空，去陌生或者不那么陌生的目的地参加商务会谈。我见过了太多新人，结交了很多新朋友。在全新的创始人兼大使的角色中，我还需要参加欧洲的 ISPO 展销会，我也仍会接到邀请，参加国际会议和新产品发布会，可我对锐步决策过程的参与，已经走到了终点。

　　在接下来我担任大使的一年，我们的业务发生了巨大转变。锐步推出了一款创新型篮球鞋，因为使用了可用手动泵充气的独立气垫，所以这款鞋拥有可调整的定制缓冲装置。和我们的很多运动鞋一样，这款名为 Pump 的篮球鞋必然一上市就成为热门，不管在球场上还是在街头都备受追捧。

　　再后来，迪·布朗（Dee Brown）在 1991 年的 NBA 扣篮大赛上做出著名的"蒙眼"扣篮前，他曾在中场附近停下来整理自己的高帮锐步鞋，他脚上的那款鞋后来也成为极少数像马丁靴和乔丹篮球鞋一样具有标志性意义的运动鞋。在我祖父靠带鞋钉的跑鞋奠定自身近乎传奇的地位的 91 年后，锐步也凭借 Pump 篮球鞋迈入名人堂。

　　还有一件让我更高兴的事，这件事帮助锐步公司和它的诞生地实现了"联姻"。在我的祖父乔通过付钱给顶尖运动员让他们穿福斯特运动鞋的方式首创"赞助"行为的 85 年后，有消息称锐步很快就会成为博尔顿漫游者队的官方球衣赞助商。对于一家从这里起步的本地体育公司来说，这将是最终极的荣誉。

看起来，祖父乔在世纪之交种下的众多种子如今都结出了果实，而我也更加热衷于弘扬公司的传统。我仍想继续自己的使命，让全世界知道我们这个运动界的巨人歌利亚（Goliath）是如何又是在哪里打下根基的。

1989 年 12 月 31 日，在我担任公司大使一年后，我决定彻底离开锐步。就像我人生中的所有经历那样，一切的关键点都是时机。如果说凯的去世教会了我什么，那就是和你关心的人以及关心你的人在一起才是最重要的事。如果我们没有失去凯，也许我会再干一段时间，但我已经做好了离开的准备。不只是做好准备，而是我需要离开。在现有环境下，我对公司的发展已经再无贡献可做。

在过去的 35 年里，我已经付出了自己的全部，无论我在吃饭、睡觉还是呼吸，想的都是福斯特、水星和锐步。我忍不住地想，既然我把这一切都抛在了身后，未来的生活会是什么样子。

我说服自己，如果不必每个月都要打包收拾行李，不必在新的目的地下飞机，像个陌生人一样到处找路，生活一定会很快乐，无论过去我曾多么享受旅行。可事实并非如此。即便只是作为公司大使，那种四处飞行的生活方式也像是一种"毒品"一样，难以戒断。

最初的几个月我有点迷失，不知道该做什么。从醒来的那一刻起我就陷入焦虑，总想着自己应该做点什么，去什么地方，跟什么人打电话。我花了很长时间才适应这种改变，才明白自己睡醒时不再有义务，什么也不做、剪剪草坪过完一天也是可以的。

但我选择离开的时间肯定是正确的。锐步已经变了。在我眼里，自从 1985 年公开上市后，锐步已经变成了只看数字的公司，而我却不是一个看重数字的人。如今做决策依靠的是会计和律师的报告，损益表是最重要的，但个性却出现了缺失。可现实也必须如此，因为公司现在需要安抚股东。但这不可避免地为创业精神的棺材板钉上了最后一颗钉子，而创业精神才是商业激情的命脉。

在我的时代，营销一直是最重要的业务，我们要确保公司能提供运动员想要的产品，再确保其他人也想要这些产品。只有出门在外、永远关注市场行情并且经常和运动员交流，你才有可能实现上述目标。如果你能说服运动员认可你拥有最合适的产品，其他人就会模仿跟随。你只需要保证花钱找来加入团队的是正确的人即可。

我已经 55 岁了，身体健康，但心里却并不满足。我仍然能感觉到失去女儿的痛苦，我需要为了保持理智而继续前进。我一辈子只擅长两件事——打羽毛球和做生意——而我的年龄太大了，已经打不动羽毛球了。我现在面临着全新的商业挑战，我需要重新找到自己的创业火花，就像祖母玛丽亚对大脑的评价一样，"要么用，要么失去"。

尽管我现在是，而且也将永远是锐步的创始人，可在我离开公司后，我还是体会到身为局外人的痛苦。当时，能够安慰我心灵的只有我对房地产管理及开发的全新创业热情。

尽管我不再担任现职，但作为创始人，博尔顿的国际部门总部里仍然为我保留了一间办公室。离开公司后的一天，我回到了办公室，坐在办公桌边。我还没有清理自己的私人物品。我觉得没有必要，因为没有人使用我的这片空间。或者说，至少我认为没有人用，这才是我不愿意拿走私人物品的原因。可事实上我在害怕，如果我拿走了所有东西，我在这里的记忆就会慢慢消失。

在我的办公桌上,《博尔顿晚间新闻》的一篇报道的标题尤为醒目:"锐步把好莱坞带到了博尔顿"(*Rebook brings Hollywood to Bolton*),这篇文章讲的正是国际总部明星云集的启用仪式。我心想,如果这都不能将我们与这个小镇的历史联结起来,那就没什么可以了。

我看着仍然挂在墙上的家人照片,然后看向窗外的博尔顿教区教堂,看向我年轻时的游乐场。我想象自己穿着童子军服和布莱恩以及其他团员站在一起,直到我们的队长斯基普让我们立正。我想到自己在舞厅度过的那些时光,当时,似乎没有比追求女孩更重要的事了。我回想起青少年时代依靠速度和灵活性在羽毛球场上飞奔的时光。那些都是美好的日子,但我很幸运,很多人也很幸运。

如今,我坐在博尔顿价值百万英镑的总部里,我创建了一个全球性帝国,每年的营业额以亿计算。与杰夫和我最初创建锐步时的困难局面相比,我们已经走过了很长的一条路。过去,我们连购买新机器的几百英镑都拿不出来,而且买到新机器后也只能小心地放在车间一角,以防地板塌陷。我们不得不找慷慨的约翰·威利·约翰逊借用设备,不得不找"心脏骤停"先生和琼的叔叔借钱,以免公司破产。

锐步国际业务的营业额如今已经超过 10 亿美元。锐步美国公司的表现更优异,营业额已经突破 20 亿美元。锐步国际有限公司被誉为美国历史上增长最快的公司,这在很大程度上要感谢加利福尼亚州那位看着身着紧身衣的妻子在健身课上光脚训练、心想"她们需要鞋"的销售代理。

我仍然留着一份名为《运动商品情报》(*Sports Goods Intelligence*)的月刊,锐步在其中被称为"头号人物"(Numero Uno),耐克则是"饥渴的比弗顿"(Eager Beavertons),因为那时的我们是市场的领导者，耐克是追逐者。当我在 20 世纪 80 年代末第一次读到这篇文章时，我以为自己会更高兴。我需要一遍又一遍地读，才能真正吸收这个信息，我想去体验在开始追逐这个梦想时自己以为能够体验到的狂喜。可我意识到，在那个阶段，在经过急速攀升后，锐步超越耐克和阿迪达斯已经变为必然。真正让我兴奋的不是锐步踏上巅峰，而是被世人认为有能力参与竞争。我逐渐意识到，我已经不在乎是否第一个跨过终点线，就像在东京的酒店里慢跑一样，我享受的是跑步的过程。和童年时代即便拼尽全力也不足以战胜那些天生的跑者不同，现在的我是一个拥有赢家 DNA 的公司的创始人、一个天生的赢家。

我意识到，这才是我一辈子都想实现的目标——不是靠纯粹的、高人一等的身体天赋和精神拼搏获得第一，而是我知道，只要我愿意，我就能赢；重要的是内在的精神和极度自信，相信自己是人生中的赢家。我不再需要不断努力去赢得他人的表扬，我所做的一切，重点都在于自己，在于知道自己已经成为一个大人物，而这正是因为很久以前我想实现这样的目标。

如今，也许你能在早上的博尔顿街道上看到 80 多岁的我遛着我那条名叫佩佩的狗。我大概会低着头，但这不是因为我想念锐步起起伏伏的岁月中那些刺激的好莱坞时光——我只是在寻找锐步运动鞋。即便在今天，我仍在寻找在我的家乡看到人们穿锐步鞋所带来的兴奋感。而且，谁知道呢，也许我偶遇的年轻人中有人会读到这本书，并且受其启发，同样心怀远大梦想。也许他们现在没有工作，也许他们被迫做着自己不喜欢的工作，可只要愿意奉献，再配上适时的好运，他们没有理由不开启自己的征程，成为征服世界的人。如果一个鞋匠都能做到，那么一切皆有可能。

后记　影响我一生的人和事

当我回顾这些年的经历，试图指出锐步成功的关键时，我的眼前总会浮现出在这个过程中发挥重要作用的那些人的面孔。

毫无疑问，对任何公司来说，员工都是关键，是主要资产。我非常幸运，拥有一群忠诚、努力工作的员工，他们愿意陪伴我们度过高峰和低谷；他们从不怀疑，从不抱怨，即便在我们不得不暂时解雇他们时也是如此。

在所有员工中，诺曼·巴恩斯是最突出的，他在我们还是水星公司时就加入我们，并且一直干到我们的英国工厂关闭为止。诺曼拥有很多优秀品质，在可靠性上，他为我们树立了高标准；早上，他总是第一个来上班的人，工作中从不偷懒；他还是个非常值得信赖的人，特别是在杰夫去世后，我需要一个人维持正常的生产，他在这个过程中起到了重要作用。

彼得·哈利根（Peter Halligan）也是一位优秀的员工。他在我们搬到布莱特街后加入我们，成为切割机操作员。随着工厂规模的不断扩大，他做过多种工作。最后，在工厂搬到布拉德利福尔德后，他被任命为经理。工厂关闭后，彼得帮我收拾旧的锐步和福斯特运动鞋；

他甚至还找到了一双水星运动鞋。所有这些鞋如今都被安全地分类保管在位于美国波士顿的锐步档案馆中。彼得还承担了大量历史研究工作，例如，研究我祖父在 20 世纪初使用过的创新性广告宣传手段，其中一些也被我记录在了这本书里。

接下来是我的家人。杰夫是锐步的故事中最重要的人，尽管在社交场合中我们两人很少一起出现，但我们是最好的朋友，我们两人在生意的问题上从未出现过严重分歧。我不知道他是否满足于只负责生产环节，或者说他只想要一种安静的生活，但他从未干涉过我在营销或销售上的决策，即便是我让劳伦斯体育成为我们的独家全球分销商差点造成灾难性后果时亦是如此。

杰夫是个自行车运动的爱好者，在大多数周末，他都会参加 25千米、50 千米甚至 100 千米的自行车赛。早年间，杰夫会自己开车去参加这些比赛，但有时他会把自己的车借给我的琼，前提条件是我们在比赛结束后开车接他。我们可以去海边或湖区度假，而他能享受被人接回家的待遇，只不过有时他的身体非常不舒服。他参加跑步比赛也会出现同样的情况，所以我总是在想，他为什么让自己的身体受这么多的苦。我觉得也许就是这些导致了最终令他早早去世的胃癌。

祖父乔是第一个影响了杰夫和我的人，是他让我们赌上一切、最终创立了锐步这个品牌。除了创立家族产业、为整个家族接下来几代人制鞋奠定基础外，祖父乔还激励我和杰夫勇敢向前，离开福斯特公司这艘正在下沉的船，去创造属于自己的品牌。从潜意识上看，他为我们灌注了一种信念，如果他能做到，那我们也能做到。他是商业先锋，是天生的领袖，他拥有远见卓识，能先于市场本身发现市场需求。

这让我想到了祖母玛丽亚，当我开始在工厂工作时，她用给我热牛奶、在著名的"奥林匹克工厂"里保持炉火燃烧的方式，尽力照顾我的生活。也许这只是小小的善举，可如果没有祖母的疼爱，谁知道我能否撑过一个又一个寒冷的冬天。也许我会想办法找一个更舒服的营生，那么我也就无法书写现在的故事了。

杰夫和我跟父亲的关系都不好。父亲从来不在我们身边，这就让我们之间形成了一种冷漠的隔阂。他之所以不在我们身边并不是因为出差，而是因为下班后他总要去酒吧，或者履行一周一次的地方志愿军义务。至于母亲，养育我们是她的天性。当杰夫和我离开福斯特公司，父亲不再跟我说话时，她尽职尽责地接受了双方的观点。我敢肯定，她曾用自己特有的温柔和细致的方法，试图劝说父亲与我和解。母亲在过完91岁生日后不久去世，可失智症早在五年前就已经从我们身边夺走了她。

然而，在锐步这样的创业之旅中，扮演重要角色的并不局限于你的家人和员工，也可能是核心圈子之外的某个人。正如我在书中提到的那样，有些人是不容易找到的看门人，他们为我打开了通向下一阶段的门；假如没有和这样的人见面并成为朋友，没有真正倾听他们的想法，我也许会像被父亲和叔叔控制的福斯特公司一样陷入永恒的惯性循环。在搭建了舒适的经济支撑网后，他们不愿放长眼光，突破周围的小圈子。他们觉得，这样做要么太耗费精力，要么会影响日常经营。可如此与世隔绝，让他们错过了太多可以将公司做大做强的机会。

我猜想有些人会给自己的目标设定一个上限，而其他人想要更多。我觉得你必须从一开始就明确地知道你在为什么而努力，这取决于你的心态。对我来说，我的目标是尽可能把公司带到更远的地方，而想要实现这个目标，我就必须进入更广阔的天地，去挑战那些顶级的运动鞋制造商。

对于英国的制鞋企业来说，20世纪60年代是一段艰难的时期。我每个月至少能收到一次在最近破产的公司园区举办拍卖会的通知。我之前参加过几次拍卖，但有一次，我幸运地坐在了约翰·威利·约翰逊旁边。我完全不知道，自己刚刚遇到了一个用自身的慷慨与友谊给我的人生带来巨大影响的人。我享受和他一起度过的时间。在一起四处旅行参加拍卖会的过程中，他向我讲述了自己的经历。后来，我又见到了已经90岁的他，尽管记忆犹在，但年龄和失智仍然严重影响了他。他去世于我离开英国期间，遗憾的是，我没能参加他的葬礼。

还有很多人为锐步的生存做出了重要贡献，尤其是在公司发展的早期阶段。鲍勃·布里格姆就是其中之一，他和兄弟埃利斯一起继承了位于曼彻斯特克利赫斯特的F.E·布里格姆户外运动品商店（F.E·Brigham outdoor aotivities shop）。鲍勃后来将商店搬迁至曼彻斯特市中心，同时参与英国各地的多种户外运动赛事，并且将自家品牌重新命名为埃利斯·布里格姆（Ellis Brigham，简称FEB）。显然，FEB订购的登山鞋帮助锐步度过了劳伦斯体育灾难事件的那段时间。我不止一次地开车跑到曼彻斯特，从鲍勃手里接过支票，再跑去银行——有时不得不大声敲门——这样才能有付给员工每周工资的现金。

鲍勃也是我1968年第一次去芝加哥参加NSGA展销会的同伴。我用了很长一段时间才鼓起足够的勇气，因为锐步当时实力很弱，如果没有鲍勃的陪伴，也许我根本不敢参加这样的展销会。我们做了很长时间的朋友，可上一次我们见面，还是在 1995 年庆祝我的 60 岁生日时。

我从数次尝试打进美国市场却失败的经历中学到了很多，可什么都比不上与舒·兰交往的这段经历。我们两人都极其努力地尝试了四年，我们都希望我们的分销协议能够成功，直到最后宣告合作结束。与舒相处的这段时间对我是巨大的考验。这段经历让我明白，想在美国成功我们真正需要什么，不幸的是，当时的舒和我都不具备这样的能力。

参加完 NSGA 展销会后，我专门去费城拜访了舒。他组织了一次派对，邀请了一些他的客户和家人跟我见面。不久前，他的女儿乔迪联系了我，这促使我第二次前往费城，翻阅了舒从 20 世纪 70 年代开始便保留下来的我们两人的信件。乔迪遗憾地告诉我，舒已经在几年前去世了，享年 86 岁。

你一定记得德里克·沃勒，他是我在锐步早期面临破产清算时找来的律师。德里克后来成了我的好友，他也经常陪我前往世界各地寻找分销商。他负责了我最初与保罗·法尔曼签订的协议，还是我决定把知识产权出售给锐步美国公司时的代理人，当时的锐步美国公司由斯蒂芬·鲁宾的彭特兰工业集团所有。德里克的言行举止可能有些古怪，但他拥有非同一般的智慧，很多时候我都在心中暗自感谢，幸好他是我的代理人，而非对手的。

另一个德里克，也就是人称"沙克"的德里克·沙克尔顿，在劳伦斯体育破产时拯救了锐步。他就是职业精神的典范。沙克也许是天生的销售人员，他拥有赚大钱所需的能力和魅力，但毫无疑问，他善于交际，总是对他人的个人生活感兴趣。他认识所有体育用品商店的老板，还保留了一本册子，记录了这些人的家庭情况、生日、孩子以及是否有抽烟的习惯等。我从沙克那里学到了很多，不只是他对细节的关注，也包括他力所能及地帮助其他人的坚定意愿。沙克最终离开了拔佳鞋业，成为意大利品牌迪亚多纳（Diadora）的分销商。他在20世纪90年代因患病突然去世。

劳伦斯体育的老板兼总裁（CEO）哈罗德·劳伦斯是另一个我非常仰慕的人，和沙克一样，他总是在他人需要帮助时立即伸出援手。我第一次见他时，他已经七十多岁，正在慢慢把产业交给自己的女婿。悲剧的是，他没能意识到沙克对公司的重要性，所以当沙克离开并且带走了销售团队的大部分人员，再加上他的女婿因缺乏经验引发生产问题后，劳伦斯体育承受了无法挽回的损失。

在锐步美国公司发展的早年间，我和保罗·法尔曼一起度过了很多时间，我们两人一个一个地解决他的公司在起步时遇到的所有问题。他终止已有的业务、"全职"投入锐步的决定让我很意外，但这也表明他有多坚决——他是一个彻头彻尾的锐步人。与我们在美国试过的其他分销商相比，让他与众不同并且最终取得成功的原因在于，我们没有把自己拴在一个现有的架构上，因为后者的目标会变成在现有营收的基础上再增加一些额外的营收。他的成功也有其他原因，其中包括他获得的资金支持，以及他选择的时机。当我们的鞋在《跑者世界》获得五星的评分时，路跑已经在美国蓬勃发展。正是这些因素相结合，才促使我们进入了发展的下一个阶段。

当然，真正推动锐步走向成功的还是斯蒂芬·鲁宾。他不仅带来了保罗需要的资金，而且好像还带来了一种很多时候可以刺激到保罗的挑战。这样的关系最终让斯蒂芬被描述为"进入牡蛎最终形成珍珠的那个沙粒"；或者换一种说法，斯蒂芬带来了保罗必须努力克服的分歧，而这个努力的过程正是锐步发展所需的。

我和斯蒂芬的关系向来很好，我也一直认为他是个绅士。不久前，针对我向他的办公室提出的一个问题，斯蒂芬给我回复了邮件。工作人员把问题直接交给斯蒂芬，他做出了非常真诚的回复，还向我问好。

如果没有安杰尔·马丁内斯的远见，锐步的销售额就无法获得现象级的飙升，我们也不会被誉为美国历史上增长最快的公司。安杰尔拥有先见之明，他捕捉到了一个新的趋势，又协助设计、生产了一款极具革命性的运动鞋——那是市面上第一双专为女性生产、专向女性营销的健身鞋。有氧健身热潮兴起后，我们的早期市场统治地位让锐步的年营收从 300 万美元飙升至 1 300 万美元，并在随后几年里升至 3 亿美元，最终达到惊人的 10 亿美元。当然，如此不可思议的增长，功劳并非全在安杰尔一人，可就像我和祖父乔一样，他播下了种子，这个种子茁壮成长，最终长成了世界知名的运动品牌。

在结束这一章时，我不得不提到温德尔·奈尔斯。温德尔把杰夫、保罗·法尔曼和我打造的一切以最好的效果展现在世人眼前，他把顶级明星引入了锐步大家庭。他的运作将运动鞋和日常用鞋连接在一起，让我们的产品不再局限于赛道、足球场和篮球场上，而是进入主流市场，成为人们的日常用品。

不过需要说明的是，温德尔并非只为锐步工作。他在联络我们之前已经认识了很多明星和名人，其中一部分源自他父亲的影响力，另一部分因为他代理了威尔胜网球拍和路易王妃香槟。温德尔成为我的好友，他向我引荐了很多好莱坞明星，也带我认识了摩纳哥的雷尼尔亲王。但更重要的是，我女儿凯患上白血病后，他发自真心地关心凯，也让凯度过了一些非常快乐的时光。在我们为写作这本书做研究时，我发现温德尔已经去世了。幸好，我现在与他可爱的妻子妮尔（Nelle）定期保持着联系。

还有很多我没有提到名字的人，他们都为锐步超越耐克与阿迪达斯成为世界第一的体育用品公司做出过贡献。不幸的是，以我现在的年龄，大多数做出过贡献的人已经去世了，不过我还是和锐步国际团队的一些人保持着联系。1990 年年初退休后，我享受着在欧洲四处旅行的生活，我在巴黎见了让-马克，在慕尼黑见了理查德，在瓦雷泽见了翁贝托，也在巴塞尔见到了鲁埃迪。我喜欢这样的聚会，享受有机会回忆锐步不可思议的崛起的那些令人兴奋的日子，也热爱这些聚会散发出的热切的精神。

发展锐步绝不只是一份工作。那不是你日复一日谋求营生的事情。我合作的每一个人都为能成为成功的一部分、能以某种方式做出贡献而兴奋，从一定程度上说，每个人都有自由和机会做出贡献。绝大多数时候，处于最高层的每个人都友善可亲，他们热情地希望听取与公司发展有关的想法，无论这样的想法是来自基层车间还是董事会。正是这样的模式为公司注入了良好的"精神"。我们与人合作而不是命令他们做事。当人们只能低头看表计算工作时间时，他们不会觉得自己是成功的一部分，这种情况下，他们的角色就会变成一份工作，公司的精神就会遭受损害。

自然而然地，公司规模越大，保持包容精神的难度也会越大。说到这个问题，尽管耐克发展为价值数亿美元的公司，但菲尔·奈特还是做到了这一点。他采取行动，让正确的人留在身边，但他同时也确保了不在自己和能帮助自己成长的人之间安插更多的人。我可以高兴地说，从诺曼和大卫做我们的学徒工的时代开始，直到 1984 年我卖掉公司，我们在锐步留住了这样的精神。从这个角度，我可以骄傲地回忆我们一路上取得的成功，如果没有数百名对锐步充满热情、为公司做出各种贡献的员工，我们也不可能取得这样的成功。

最早影响到我的因素并非人，而是机构。我的绝大多数社交与娱乐活动都是围绕本地的圣玛格丽特教堂进行的，这个教堂距离我们住的地方只有大约 800 米，母亲也会送我们去这里上周日学校。教堂为孩子们举办活动和圣诞派对，还举办过电影展，我们在这里看着查理·卓别林（Charlie Chaplin）、劳雷尔（Laurel）、哈迪（Hardy）、阿博特（Abbot）和科斯特洛（Costello）的电影哈哈大笑。圣玛格丽特教堂里有一块草地保龄球场和四块网球场，尽管草地保龄球场仍在使用，但网球场和看台如今已经荒废。周五晚上是童子军活动，杰夫和我会在圣玛格丽特教堂旁边的大厅与其他人集合，而博尔顿第 28 童子军团的大本营位于同一栋建筑的地窖。过去 10 年，我和当年的一些童子军成员重新熟悉起来，其中包括我们在向帕特代尔的雪地行军中"丢下"的布莱恩。

第二次世界大战结束后，我在工作之余的活动仍然以圣玛格丽特教堂为中心，我在那里加入了羽毛球俱乐部，而羽毛球也成为我在皇家空军服役期间的旅行通行证。除了羽毛球外，圣玛格丽特教堂的社交生活也围绕着周六晚上的舞会进行，直到我们圈子里的朋友扩大范围，在博尔顿发现更大的舞场后我们才转移根据地。就是在那些舞场里，我和琼第一次相遇。

服兵役会改变生活的一切，我们朋友圈里的男孩子们在不同时期被征召，进行为期两年的服役，这破坏了我们的社交状态。两年后回到家里，我们发现以前的小团体消失了，所以大部分时候，当男孩们回家时，他们会找到离家之前的女朋友，结婚生子过上家庭生活，就像我和琼一样。

琼和我在我返回博尔顿满 12 个月那天结婚。最初，她是所有男人梦寐以求的、对丈夫无比支持的妻子，她几乎一人养育了我们的两个孩子，从未抱怨过我缺席家庭生活。凯去世时，大卫正在锐步做着设计工作。在那之后，他离开锐步，成立了自己的公司。

琼的家人没有钱，但他们依然支持并鼓励杰夫和我进行的事业。情况异常艰难时，他们协助说服琼的叔叔借给我们 500 英镑。我也对琼的父亲史蒂夫有着美好的回忆，他在退休后总会骑着自行车帮我们发送订单，而且拒绝因为付出时间而收我们的钱。史蒂夫给了杰夫和我希望从自己父亲那里得到的支持。悲剧的是，从某种程度上也可以理解的是，琼对我一心只想公司的容忍在后来的年月里慢慢消失，我们的婚姻在 1993 年走到了终点。

最后，就算会被人说像奥斯卡获奖感言，我也要感谢幸运女神。没有她在我身边，前面提到的一切都无法实现。任何创业都需要一些好运，无一例外。我的运气很好，而我发自内心地希望你们也能拥有好运。

致谢

几年来，我一直在撰写、重写自己的回忆录，我觉得自己必须感谢很多人，其中大部分是我的朋友和家人，他们推动我写下这本书，也在我记忆衰退的时候帮我回忆过去。

首先，我必须感谢早年间在博尔顿街和贝里布莱特街工厂里为水星和锐步工作过的所有人，也要感谢后来推动锐步成为世界第一体育用品公司的所有人——尤其是保罗·法尔曼和斯蒂芬·鲁宾，他们将杰夫和我 1958 年的梦想变成现实。

在为撰写这本回忆录做研究的问题上，我最该感谢的是彼得·哈利根，他是一个忠诚而值得信赖的员工，他花费大量时间翻阅旧报纸，查找福斯特公司那些不可思议的广告。彼得还找到了很多旧的锐步、水星和福斯特运动鞋，这些鞋如今都存放在波士顿的锐步档案馆。

这让我想到了埃琳·纳洛克（Erin Narloch），也就是锐步档案馆的馆长，她凭借自身优秀的能力，在一个特制的、温度可控的受保护区域里保管着彼得之前找到的那些运动鞋。艾琳还扫描了数百个物品，将这些图片加入宝贵的资料库，其中一些图片甚至可以追溯到

20世纪初。她将这些图片发布到网上，供我在这本回忆录中使用。

在我不知道如何确定回忆录的结构时，我的一个朋友罗伊·卡瓦纳（Roy Cavanagh）帮助我继续完成了自己的故事。卡瓦纳写过很多本与体育有关的书，作为曼联球迷，他也写过不少与曼联有关的著作。

乔·考利（Joe Cawley）很会讲故事，极具才华并且拿过奖的他是我写成这本书的重要推动力。了解出版行业的他为我引荐了一个文学经纪人，还为我铺好了通向出版商的路。

前面说到的文学经纪人就是 A·M·Heath 的尤安·桑尼克罗夫特（Euan Thorneycroft），随着这本书越来越接近由他委托的团队出版，他对这个项目的热情也带来了更多美好的结果。

在伊恩·马歇尔（Ian Marshall）巧妙的调控下，西蒙 & 舒斯特（Simon & Schuster）的出版团队将我的家族 100 年来的成就以及我个人的经历，转变为一本让我感到骄傲的书，我也希望各位读者能够享受这本书。

我的外孙马克·哈德曼（Mark Hardman）是平面设计师，他不仅很好地维护了我使用已久的电脑，而且还开发并维护着一个网站，读者可以在这个网站上看到这本回忆录提到的所有历史。他还把我介绍给了乔·考利。

最后，我要感谢朱莉（Julie），我的妻子，我真正的朋友和我的人生伴侣。尽管我在锐步工作期间她没有进入我的生活，但朱莉这些年来重新体验了我当年的生活，也在我多次重访锐步的旅行中陪伴着我。正如前面所说，当我大脑中的记忆开始衰退时，她就成了我无价的"外接硬盘"。

感谢所有人。